30年間の東急バス全型式をカラーで紹介!

昭和末期〜平成のバス大図鑑 第1巻

東急バス

加藤佳一（BJエディターズ）

東京駅南口を出発する東98系統。目黒営業所の所管路線で、2020年からトヨタの燃料電池バスSORAも活躍している。

Contents

ニュータウンのラッシュ輸送に備え、多くの車両が待機している虹が丘営業所

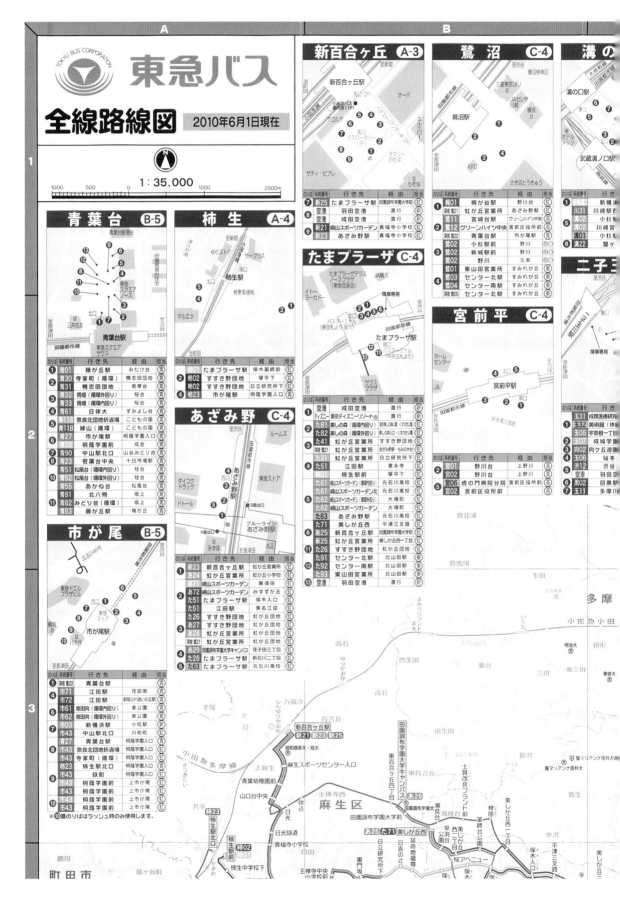

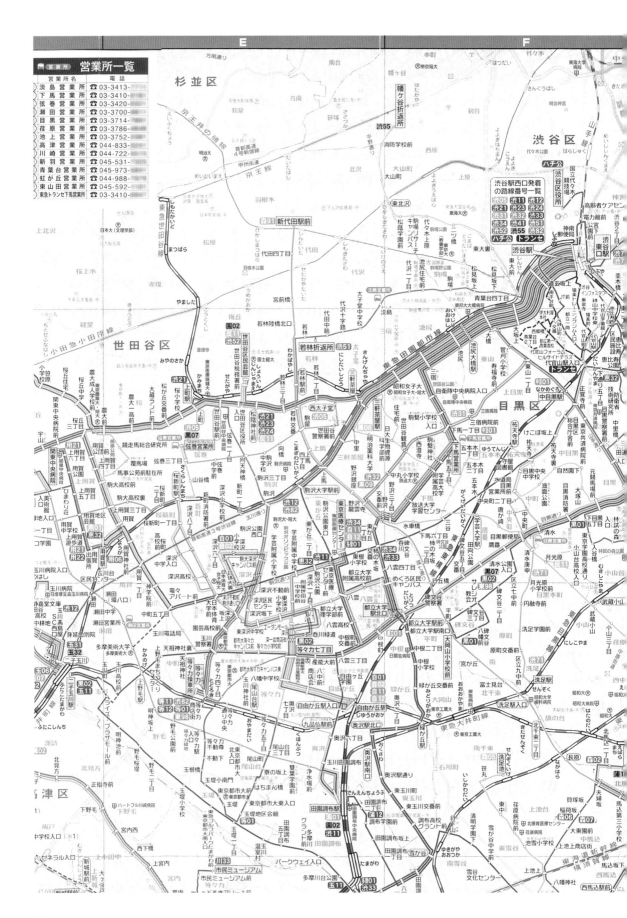

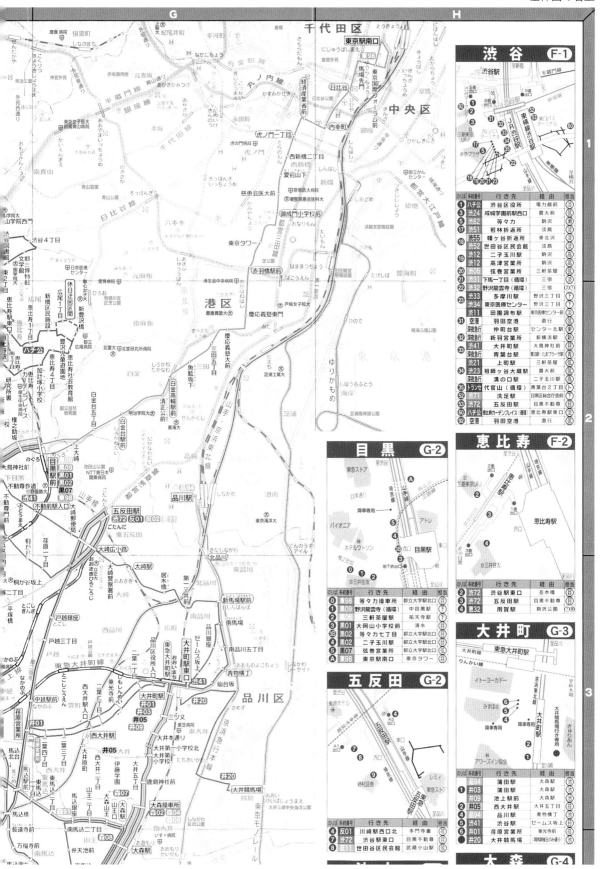

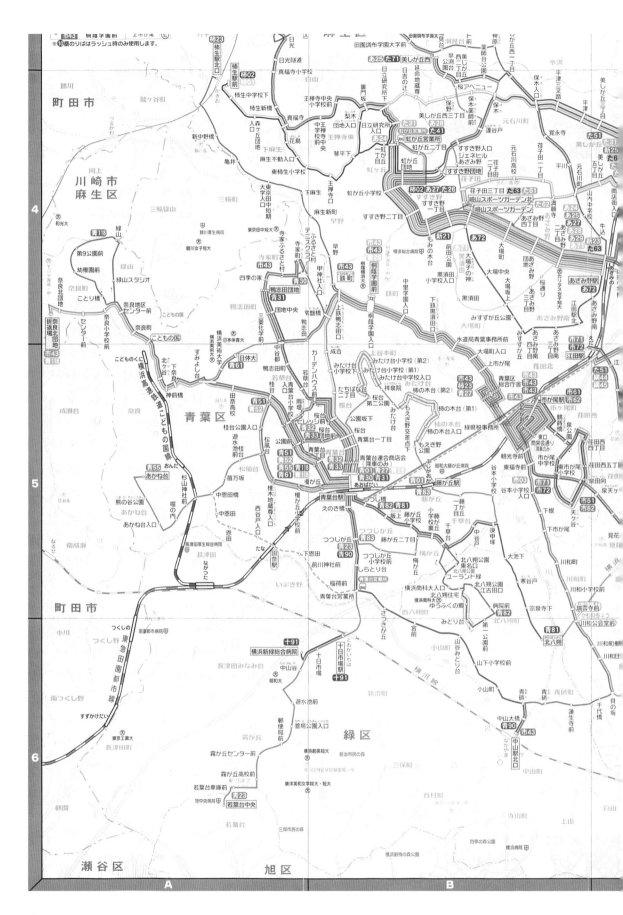

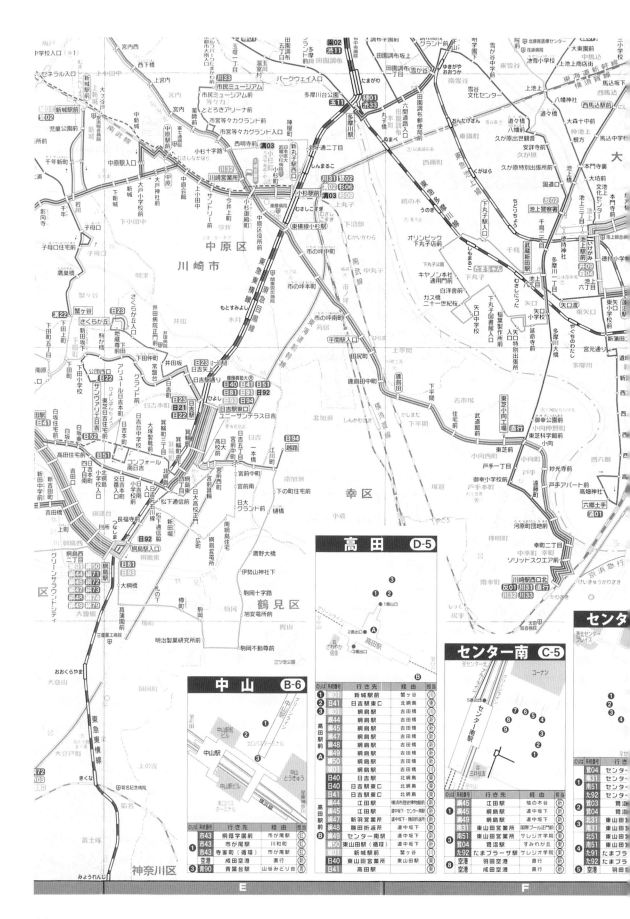

昭和最後のころの車両たち

　筆者が初めて東急バスの車両撮影取材に臨んだのは、2000（平成12）年の春先のことである。当時の最古参車は1987（昭和62）年式で、「昭和58年排出ガス規制」適合のP-車の廃車が始まっていた。東急バスの社番は、所属営業所を示すアルファベットと固有番号の組み合わせで、固有番号の百位が購入年度を表している。しかし1987年度は800台、1988年度は900台と、西暦の一位と社番の百位は1つずつずれていた。また営業所ごとに配置車両のメーカーが決められており、各営業所とも2つのメーカーを主力に配置されていた。

SI803（日産ディーゼルP-U32K）

日産ディーゼルの1987年度車はPE6H型エンジン搭載の本型式。リベットレスながら丸みがある富士5E型ボディの最終モデル。2000年春の取材時には下馬に802・803が残るだけになっていた。

SI910（日産ディーゼルP-U33K）

日産ディーゼルの1988年度車もPE6H型エンジン搭載だが、富士ボディがフルモデルチェンジされた7E型となった。取材時には900～915が大橋・川崎・池上・新羽・下馬に在籍していた。

SI836（日野P-HU276BA改）

各営業所に1台から数台あったワンロマ車。観光マスク・エアサスの長尺車で、ハイバックシート（ロマンスシート）を装備。本型式は下馬・高津・青葉台・虹が丘などで活躍した。

NJ827（日野P-HT233BA改）

一般路線車は4メーカーとも短尺で中扉4枚折戸。日野の1987年度車はM10U型エンジンのレインボーHT。取材時点で827だけになっており、黒地白文字の方向幕が採用されていた。

NJ945（日野P-HT233BA改）

1988年度車は945が在籍。前年式と同型ながら方向幕が白地黒文字となっている。神奈川県内では2001年まで、他社局との相互乗り入れ路線を除き系統番号が付与されていなかった。

AO942（日野P-HT276BA改）

新興住宅地や大学を沿線に持つ青葉台には、長尺の3扉車が配置されていた。エンジンは上記のワンロマ車と同じ高出力のEK200型である。1988年度車には940〜944が新製された。

M922（日野P-RJ170BA）

目黒区や世田谷区の狭隘路線を所管する、目黒に集中配置されていたレインボーRJ。ホールベースが標準の4400mmより短い3800mmの短尺車である。920〜931の12台が新製された。

NJ856（いすゞ P-LV318N改）

長尺・3扉のキュービックで、高出力の6RB2型エンジンを搭載する。ニュータウンの通勤通学輸送を担う虹が丘に集中配置されていたが、1987年度車は2台が下馬に転属していった。

NJ961（いすゞ P-LV318N改）

長尺・3扉・高出力エンジンのキュービックは、1988年度から中扉・後扉が引戸に、方向幕が白地黒文字に変更されている。959～963の5台が前年式と同じ虹が丘に配置されていた。

T951（いすゞ P-LV314K改）

キュービックの一般路線用は6QA2型エンジン搭載の本型式。取材時には1987年度車が退役し、1988年度車8台が残っていた。なお、社番は日デ→日野→いすゞ→三菱の順に付番される。

E965（いすゞ P-LV218N改）

いすゞ製のワンロマ車はキュービックではなく、富士重工の5B型ボディが架装された。金色をあしらったカラーはワンロマ車共通。取材時には青葉台・荏原・東山田に在籍した。

A972（三菱ふそうP-MP218K改）

三菱ふそうの一般路線用は6D22型エンジン搭載のエアロスター M。他メーカーに先駆けて黒色サッシが採用されていた。取材時には1987年式が退役し、1988年度車8台が残っていた。

M978（三菱ふそうP-MP618P改）

三菱製のワンロマ車は呉羽ボディを架装。エンジンはターボつきの6D22型である。新羽・目黒・荏原・池上に配置され、目黒では写真のように東京駅発着系統にも運用された。

TA2206（三菱ふそうP-MS725SA）

貸切バスは三菱ふそうと日野が採用されてきたが、収益性の悪化により1990年代に大幅に縮小された。エアロバス2206は48人乗りの貸切バスから深夜急行バスに転用されていた。

TA2225（三菱ふそうP-MU525TA改）

貸切バスのフラッグシップとして、1988年度に採用されたエアロクィーン。後部トイレつきの39人乗りであった。エアロクィーンは一時期、夜行高速バス用にも導入されていた。

1989（平成元）年度の車両

　1989（平成元）年度は引き続き「昭和58年排出ガス規制」適合のP-車の導入が続けられた。一般路線用の短尺車、ニュータウン路線用の長尺車とも、前年度のスタイルが踏襲されている。目黒では日野の短尺中型車が増備され、瀬田では「東急コーチ」用の観光タイプの短尺中型車が採用された。「東急コーチ」とは貸切免許によるデマンド区間を含んだ住宅地路線で、運賃は一般路線の5割増しとなっている。1975年の自由が丘線を皮切りに、鷺沼線、青葉台線、美術館線、市が尾線、みどり台循環線が相次いで開業している。なお、本書の本年度とはそのページの見出しの年度、前年度とは1つ前の年度をさす。

AO1068（三菱ふそうP-MK517F）

「東急コーチ」専用の観光タイプの短尺車。瀬田に6407・6408、高津に7009・7010として新製配置された4台が、みどり台循環線開業時に青葉台に転属し、1068〜1071となった。

AO7013（三菱ふそうP-MK517F）

上記グループとともに高津に新製配置された7012・7013は、青葉台で契約輸送用の貸切バスとなった。一般貸切輸送を縮小した東急バスだが、契約輸送は積極的に受託している。

前年度に続いて増備された
短尺のレインボーRJ。前年
度は最前部の側窓にあった
大型方向幕が、窓下の横長タ
イプに変更され、以後の東急
バスの中型車にはこのスタイ
ル踏襲されている。

M1024（日野P-RJ170BA）

前年度に引き続き導入された
ブルーリボンHTツーステッ
プバスの短尺車。取材時に
は1031・1032・1039が 東
山田、1033が大橋に所属。
大橋営業所は玉電の営業所
から転用された。

O1033（日野P-HT233BA改）

こちらも前年度に引き続き採
用されたキュービックツース
テップバスの短尺車である。
取材時には1040・1041が
弦巻、1043〜1045が荏原、
1046〜1048が東山田に配
置されていた。

H1048（いすゞP-LV314K改）

AO1034（日野P-HT276BA改）

長尺・3扉・高出力のブルーリボンHT。本年度は1034～1038の5台を青葉台に配置。東急バスは「平成元年排出ガス規制」適合車までバス協タイプのテールランプを採用していた。

NJ1052（いすゞP-LV318N改）

同じくニュータウン輸送用の長尺・3扉・高出力のキュービック。中扉・後扉は前年度車と同じく引戸。1050～1054の5台が虹が丘に配置され、とくにラッシュ時に威力を発揮した。

I1002（日産ディーゼルP-U33K）

富士7E型ボディ架装の日産ディーゼル製大型短尺車。富士ボディは5Eから7Eになった際に黒色サッシに変更された。本年度は1001～1003・1005～1016の15台が新製されている。

NI1067（三菱ふそうP-MP218K改）

前年度に続いて採用されたエアロスターツーステップバスの短尺車。1060～1067を新製。屋根に千鳥配置されたベンチレーターや大型短尺車の4枚折戸は本年度が最後となった。

1990（平成2）年度の車両

　1990（平成2）年度の一般路線用の大型短尺車は、4メーカーとも「平成元年排出ガス規制」適合のU-車となった。同時に中扉が引戸に変更され、屋根上のベンチレーターが運転席上の1個を除いて廃止された。いすゞ製は窓まわりが黒色に塗装され、P-車とは雰囲気が異なっている。一方、いすゞ製の長尺3扉車と中型車は引き続きP-車が増備されている。なお、1998（平成10）年にはたまプラーザ～羽田空港間に東急初のリムジンバスが開業。専用車の中古購入が行われ、群馬バスから1990年式のスーパーハイデッカーが転入した。

H1129（日野U-HT2MLAA）

一般路線用ブルーリボンのU-車は、P-車と同じM10U型エンジンを搭載。中扉が引戸となり、ベンチレーターが廃止された。1125～1133が目黒・大橋・東山田・高津に在籍した。

AO1139（日野U-HT3KPAA改）

ニュータウン輸送用ブルーリボンのU-車は、エンジンがK13Uに変更されている。また本年度のみ全座席がロングシートとなっている。1134～1139の6台が青葉台に新製配置された。

I1176（三菱ふそうU-MP218K）

エアロスターのU-車は、P-車と同じ6D22型エンジンを搭載。中扉が引戸
となり、ベンチレーターが廃止された。1175～1189が淡島・瀬田・目
黒・池上・新羽に新製配置された。

SI1104（日産ディーゼルU-UA440HSN）

日産ディーゼル製のU-車は、新開発のPF6型エンジン搭載の本型式。中
扉が引戸となり、ベンチレーターが廃止された。1101～1115が高津・
池上・川崎・新羽に新製配置された。

H1154（いすゞ U-LV324K）

キュービックのU-車は、新開発の6QB2型エンジンを搭載。中扉が引戸となり、冷房装置がビルトインタイプに変更された。1150～1155が荏原・日吉・虹が丘に新製配置された。

NJ1158（いすゞ P-LV318N改）

ニュータウン輸送用の長尺キュービックはP-車が増備されたが、U-車と同じように窓まわりが黒色塗装となり、ベンチレーターが廃止されている。4台が虹が丘に配置された。

E1162（いすゞ P-LR312J）

都内の狭隘路線用として、荏原に5台が新製配置されたジャーニーK。
キュービックと同じように窓まわりが黒色に塗装され、レインボー RJ と
同じように窓下に側面方向幕がある。

NJ1752（いすゞ P-LV719R）

たまプラーザ～羽田空港間リムジンバスの開業に合わせ、群馬バスが
1990年に新製したいすゞ＋富士HDⅡ型を1998年に中古購入し、ワンマ
ン改造を行ったもの。54人乗りである。

1991(平成3)年度の車両

　1991(平成3)年度は一般路線用の短尺車としてU-車を増備。運転席上に残されていたベンチレーターが廃止された。ワンロマ車が三菱製で1台だけ導入されている。中型はいすゞの標準尺車、日野の短尺車・標準尺観光タイプ、三菱の短尺車・短尺観光タイプ(「東急コーチ」専用車)を採用。また貸切バスとして三菱エアロクィーンMVを5台新製し、羽田空港リムジンバスとして東武鉄道が1991年に新製したセレガを中古購入した。なお、本年度の社番は1200番台になると思われたが、百位を0とみなした1〜2桁の番号が与えられた。

M87（三菱ふそうU-MP618P改）

本年度1台だけ新製されたエアサス・ハイバックシートのワンロマ車。P-車とはフロントスタイルがまったく異なるが、中扉の4枚折戸は踏襲されている。目黒に新製配置された。

S83（三菱ふそうU-MP218K）

前年度に続いて増備されたエアロスターツーステップバスの短尺車。ボディスタイルは前年度と同じである。75〜80が淡島、81〜84が瀬田、81・86が新羽に新製配置されている。

TA88（三菱ふそうU-MK117F）

高津に88・89の2台が配置されていた短尺のエアロミディMK。一般路線車ながら、中扉が折戸という異色の仕様であった。狭隘路線のほか、契約貸切輸送の運用にも就いていた。

AO7410（三菱ふそうU-MK517F改）

青葉台に7409～7415の7台が新製配置された「東急コーチ」専用車。これまでのコーチと異なり、中折戸が設置されている。7412～7415は2001年、一般路線用90～93に改番された。

M2（日産ディーゼルU-UA440HSN）

前年度に続いて採用された日産ディーゼル製の短尺ツーステップバス。スタイルは前年度車と同じである。1～3・5・6が弦巻、7～13が池上、14～21が新羽に新製配置されている。

T53(いすゞ U-LV324K)

前年度に引き続き導入された
キュービックの短尺車。
ボディスタイルは前年度車
と同じである。50〜54が
弦巻、55〜58が荏原、59
〜64が川崎、65〜69が日
吉に新製配置された。

荏原に70・71の2台が配置
されていた標準尺のジャー
ニーK。狭隘路線用の中型
車とほぼ同じ仕様だが、後面
方向幕が設置されておらず、
送迎輸送に使用される特定
バスであった。

E70(いすゞ U-LR332J)

E6802(いすゞ U-HTS12G改)

トラックシャーシに東京特
殊車体がボディ架装したボ
ンネットバス。中扉にリフ
トを装備している。大森駅
〜しながわ水族館間で、東急
と京浜急行電鉄が1台ずつ運
行していた。

O26（日野U-HT2MLAA）

引き続き増備されたブルーリボンの短尺車。25～41・43～45を大橋・高津・青葉台・虹が丘に新製配置。一般路線車は本年度まで、前中扉間左側の優先席がロングシートだった。

TA47（日野U-RJ3HGAA）

高津に46・47の2台が新製配置された短尺のレインボー RJ。エアロミディと異なり、中扉は引戸となっている。高津管内の狭隘路線で活躍したが、のちに2台とも下馬に転属した。

TA23（日野U-RR3HJAA）

高津に23・24の2台が新製配置された標準尺・観光マスク・エアサスのレインボー RR。前後扉・引き違い窓という東急バスでは珍しいスタイル。契約貸切輸送に使用されていた。

NJ1825（日野U-RU2FTAB）

羽田空港リムジンバス用として、1999年に1台だけ中古購入したセレガFS。東武鉄道が同じくリムジンバスとして1991年に新製したものである。乗客定員は60人となっている。

1992（平成4）年度の車両

　1992（平成4）年度も一般路線用の短尺車として、日産ディーゼルUA、日野ブルーリボン、いすゞキュービック、三菱エアロスターのU-車を増備。スタイルは4メーカーとも1991年度と同じだが、本年度から前中扉間左側の優先席が1人掛けの前向きシートに変更された。狭隘路線用の中型標準尺車として、日野レインボーRJと三菱エアロミディMKのU-車を採用。ただし、いずれも少数にとどまっている。また貸切バスの三菱エアロクィーンMVを4台増備。前年度製の同型車とともに、貸切バス事業縮小前の主力車両として活躍していた。

T151（いすゞ U-LV324K）

前年度に続いて導入されたキュービックの短尺車。スタイルに変化はないが、前中扉間左側が前向きシートになった。弦巻・荏原・川崎・日吉・虹が丘に15台が新製配置された。

TA130（日野U-HT2MLAA）

前年度に引き続き増備されたブルーリボンHTの短尺車。前年度車と同型であるが、前中扉間左側が前向きシートに変更された。大橋・高津・青葉台に計14台が新製配置された。

M139（日野U-RJ3HJAA）

2つ目RJの後継車として、3年ぶりに目黒に配置された狭隘路線用の中型標準尺車。ボディスタイルはまったく異なるものの、窓下の側面方向幕は踏襲されている。2台のみ在籍。

SI102（日産ディーゼルU-UA440HSN）

前年度に続いて採用された日産ディーゼルUAの短尺車。本型式も前年度車と同型だが、前中扉間左側が前向きシートになった。弦巻・池上・川崎・新羽に15台が新製配置された。

S178（三菱ふそうU-MP218K）

引き続き増備されたエアロスターの短尺車。前面方向幕の左右がガラスから鉄板になり、中扉間左側が前向きシートになった。淡島・瀬田・目黒・新羽に6台が新製配置された。

A181（三菱ふそうU-MK117J改）

前年度に続き増備されたエアロミディMKだが、本年度は短尺ではなく標準尺が選択され、中扉も折戸から引戸に変更されている。181・182が淡島、183・184が瀬田に在籍した。

S6406（三菱ふそうU-MK517F）

前年度に続いて1台導入された観光マスク・エアサスのエアロミディMK短尺車。「東急コーチ」専用で、前年度の青葉台配置車と異なり、前扉仕様で弦巻→瀬田に配置されている。

TA2236（三菱ふそうU-MS729SA改）

1991・1992年度に登場した貸切バスは、低運転席のエアロクィーンMV。前面の社名表示灯が廃止されている。乗客定員は51人。前年度に5台、本年度に4台が高津に新製配置された。

1993（平成5）年度の車両

　1993（平成5）年度も一般路線用の短尺車としてU-車を増備。スタイルに大きな変化は見られない。長尺のU-車に初めてキュービックが登場。高出力・3扉の仕様が引き継がれている。狭隘路線用の標準尺中型車は、前年度に続きエアロミディMKが採用された。また特定バスとして、中扉にリフトを装備するエアロスターが採用されている。なお、本年度の社番は4桁に戻り、1200番台が与えられている。また本年10月には日吉営業所を廃止。11月から東山田営業所が開設され、営業所記号のHとほとんどの所属車両が継承されている。

NJ1260（いすゞ U-LV318N改）

3年ぶりに採用された長尺・3扉のキュービック。P-車と同じ275馬力の6RB2型エンジンが搭載されている。虹が丘に1260〜1263が配置され、ニュータウン輸送に威力を発揮した。

T1252（いすゞ U-LV324K）

前年度に続いて導入された短尺キュービック。ボディスタイルと室内仕様は前年度車と同じである。1250〜1252が弦巻、1253〜1255が荏原、1256〜1259が日吉に新製配置された。

I1206（日産ディーゼルU-UA440HSN）

前年度に続いて増備された短尺のUA。ボディスタイルは前年度車と同じである。1201・1202が弦巻、1203〜1207が池上、1208〜1212が川崎、1213・1214が新羽に新製配置された。

AO1238（日野U-HT3KPAA改）

3年ぶりに採用された長尺・3扉のブルーリボンHT。前面の通気口が大きくなり、室内は前向きシートに変更されている。1236 ～ 1239が青葉台でニュータウン輸送に使用された。

O1227（日野U-HT2MLAA）

前年度に引き続き導入された一般路線用の短尺ブルーリボンHT。前面窓下の左右にある通気口が大きくなっている。1225 ～ 1230が大橋、1231 ～ 1235が高津に新製配置されている。

SI1292（三菱ふそうU-MK117J改）

本年度も採用された狭隘路線用のエアロミディMK。1287 ～ 1293の7台が在籍。下馬の車両は東急トランセに管理委託され、前面に今日まで続く楕円形のトランセマークが貼られている。

M1282（三菱ふそうU-MP218K）

前年度に引き続き増備された一般路線用の短尺エアロスター。ボディスタイルと室内仕様は前年度車と同じである。1275 ～ 1286が淡島・瀬田・目黒・新羽に新製配置されている。

NI1297（三菱ふそうU-MP218K改）

新羽に3台配置された短尺エアロスターの特定車。中扉にリフトを装備し、1台ずつ異なるカラーのラインが入っている。神奈川県立中原養護学校のスクールバスに使用された。

1994(平成6)年度の車両

　1994(平成6)年度も一般路線用の短尺車として、日産ディーゼルUA、日野ブルーリボン、いすゞキュービック、三菱エアロスターのU-車を増備。4メーカーともスタイルに大きな変化は見られない。ニュータウン用の長尺のU-車も、前年度に続きキュービックとブルーリボンが採用されている。またブルーリボンには電気式ハイブリッドバス「HIMR」とリフトつきバスが登場。人に優しいバス、地球に優しいバスへの取り組みが開始されている。狭隘路線用の標準尺中型車として、日産ディーゼルRMのU-車が初めて導入されている。

T1356(いすゞ U-LV324K)

引き続き導入された一般路線用のキュービック。側窓間の柱がこれまでの黒色から灰色に変更された。1350〜1356が弦巻、1357〜1361が荏原、1362・1363が東山田に配置された。

NJ1366(いすゞ U-LV318N改)

前年度に引き続き増備されたニュータウン路線用のキュービック長尺車。側窓間の柱が前年度車の黒色から灰色に変更されている。1364〜1367の4台が虹が丘で使用されていた。

H1346（日野U-HT2MLAH）

本年度に初めて2台採用された電気式ハイブリッドバス「HIMR」。外観的には同じ年式の一般のブルーリボンHTと同じである。
1345が大橋、1346が東山田の所管路線で活躍した。

O1348（日野U-HU2MLAA改）

本年度に1台だけ導入されたリフトつきバス。首都圏ではリフトを中扉に設置し、グライドスライドドアとする例が一般的であった。
ニーリング機構つきのエアサスを装備する。

M1330（日野U-HT2MLAA）

前年度に続いて増備された一般路線用のブルーリボンHT短尺車。1325〜1328が大橋、1329・1330が目黒、1331〜1335が高津、1336〜1338が東山田、1347が青葉台に配置された。

AO1340（日野U-HT3KPAA）

前年度に引き続き採用されたニュータウン路線用のブルーリボンHT長尺車。外装・内装は前年度の仕様が踏襲されている。
1339〜1341・1343の4台が青葉台に配置されていた。

KA1320（日産ディーゼルU-UA440HSN）

前年度に続いて増備された
一般路線用の日産ディーゼ
ルUA短尺車。富士7E型ボ
ディは前年度車と同型であ
る。1301 ～ 1305・1320
が川崎、1306 ～ 1310が新
羽に新製配置された。

初めて採用された日産ディー
ゼルRMのU-車。富士8E型
ボディが架装された標準尺
の中型車で、FE6型エンジン
が搭載されている。1311 ～
1319の9台が池上の狭隘路
線で活躍した。

I1311（日産ディーゼルU-RM210GSN）

TA1397（三菱ふそうU-MP218K）

前年度に引き続き導入された
一般路線用のエアロスター短
尺車である。1375 ～ 1379
が 淡 島、1380 ～ 1385が
瀬 田、1386 ～ 1392が目
黒、1393 ～ 1396が新羽、
1397が高津に配置された。

1995（平成7）年度の車両

　1995（平成7）年度はU-車の最終導入年となった。一般路線用の短尺車は、引き続き日産ディーゼルUA、日野ブルーリボン、いすゞキュービック、三菱エアロスターを採用。電気式ハイブリッドバス「HIMR」も増備されたが、リフトつきバスと長尺3扉車は新製されていない。狭隘路線用の標準尺中型車として日野レインボーRJと三菱エアロミディMK、「東急コーチ」用の短尺中型車として三菱エアロミディMK観光タイプが採用され、エアロミディはフルモデルチェンジされている。また契約貸切輸送用として三菱ローザが導入された。

I1408（日産ディーゼルU-UA440HSN）

本年度も増備された一般路線用の日産ディーゼルUAのU-車。スタイルは変わっていない。1401 ～ 1403が大橋、1404が弦巻、1405 ～ 1410が池上、1411 ～ 1416が新羽に配置された。

KA1457（いすゞU-LV324K）

引き続き導入された一般路線用のキュービックのU-車。側窓間の柱は灰色である。1450 ～ 1453が荏原、1454 ～ 1457が川崎、1458 ～ 1462が虹が丘、1463 ～ 1465が東山田で活躍した。

H1439（日野U-HT2MLAA）

前年度に続いて導入された一般路線用のブルーリボンHTのU-車。前年度車と同型で、1425～1427が大橋、1429～1431が高津、1432～1436が青葉台、1437～1439を東山田に配置。

M1428（日野U-HT2MLAH）

本年度は1台だけ採用されたブルーリボン電気式ハイブリッドバス「HIMR」。前年度車同様、低公害車をPRする青いハートマークがつけられている。目黒の所管路線で活躍した。

M1440（日野U-RJ3HJAA）

3年ぶりに新製された中型標準尺のレインボーRJのU-車。ボディスタイルは1992年度車と変わっていない。1440・1441・1443～1447の7台が目黒所管の狭隘路線に運用されていた。

O2671（三菱ふそうKC-BE449F）

大橋に4台新製配置されたロングボディのローザ。前輪独立懸架・後輪リーフサスのハイグレード仕様で、東急百貨店の本館と東横館を結ぶシャトルバスとして使用されていた。

S6418（三菱ふそうU-MK618F）

6309～6316の8台が弦巻に新製配置された「東急コーチ」専用のエアロミディ MKのU-車。観光マスク・トップドア仕様である。のちに瀬田に転属し、6414～6421に改番されている。

TA1492（三菱ふそうU-MK218J）

1491・1492の2台が高津に新製配置された標準尺のエアロミディ MKのU-車。メーカーのフルモデルチェンジにより6D17型エンジンを搭載。在来車と異なるボディスタイルとなった。

NI1475（三菱ふそうU-MP218K改）

1993年度に続いて導入された短尺エアロスターの特定車。中扉にリフトを装備し、中原養護学校のスクールバスに使用された。1475～1478の4台が1台ずつ異なるカラーをまとった。

S1486（三菱ふそうU-MP218K）

1990年度から増備されてきたエアロスターのU-車の最終グループで、スタイルはこれまでと同一。1479～1482が淡島、1483～1488が瀬田、1489・1490が高津に新製配置されている。

1996（平成8）年度の車両

　1996（平成8）年度は4メーカーの「平成6年排出ガス規制」適合のKC-車が揃って登場した。大型車は日野ブルーリボンを除いて新型エンジンを搭載。いすゞキュービックはボディスタイルも変更され、ブルーリボンはヘッドライトが角形になった。リフトつきバスが再び採用されている。中型車は三菱エアロミディを除いて新型エンジンを搭載。いすゞジャーニー Kはボディスタイルも変更されたが、本年度は採用されていない。なお、本年度から角形テールランプが採用され、東山田配置車を除いてマーカーランプが廃止された。

O1532（日野KC-HT2MLCA）

ブルーリボンのKC-車はヘッドライトが角形に変更されている。1527 ～ 1533が大橋、1535 ～ 1537が目黒、1538 ～ 1541・1543・1544が高津、1545 ～ 1549が青葉台に新製配置された。

S1599（三菱ふそうKC-MK219J）

エアロミディ MKはフルモデルチェンジ後のU-車とほぼ同型であるが、マーカーランプが廃止されている。瀬田に1台だけ新製配置され、2000年春の取材時には玉11系統に運用されていた。

O1534（日野KC-HU2MLCA改）

リフトつきのブルーリボンKC-車でエアサス仕様。マーカーランプが廃
止され、角形テールランプが採用されている。大橋に1台が配置され、
1348とともに渋21系統に使用された。

M1587（三菱ふそうKC-MP217K）

エアロスターのKC-車は6D24型エンジンを搭載。マーカーランプの廃止
と角形テールランプの採用は他の同年度車と同じ。淡島に6台、瀬田に5
台、目黒に3台、新羽に10台が配置された。

H1567（いすゞ KC-LV380L）

キュービックのKC-車は
8PE1型エンジンを搭載。荏
原に5台、虹が丘に5台、東
山田に8台が配置され、日吉
駅西口付近の狭隘路を走る
東山田所属車だけマーカー
ランプがあった。

日産ディーゼルUAのKC-車
はPG6型エンジンを搭載。
マーカーランプの廃止と角
形テールランプの採用は他
の本年度車と同じ。弦巻に
3台、池上に8台、川崎に8台
新製配置された。

T1500（日産ディーゼルKC-UA460HSN）

T1524（日産ディーゼルKC-RM211GSN）

1994年度に続いて採用され
た中型標準尺の日産ディー
ゼルRM。KC-車はエンジ
ンがFE6Eとなり、角形ブ
レーキランプが採用された。
1519〜1525の7台が弦巻
の狭隘路線で活躍した。

1997(平成9)年度の車両

　1997(平成9)年度は一般路線用の短尺車として3メーカーのKC-車を増備。いすゞキュービックはニュータウン輸送用の中間尺車が2扉仕様で採用された。目黒通りの都市新バス路線には三菱エアロスターノンステップバスが一挙に21台投入されている。なお、筆者が2回目の東急バスの車両撮影取材に臨んだのは2009(平成21)年の年末で、当時の最古参車は1997(平成9)年式であった。このため、1997〜1999年式については2000年と2009年に撮影した写真を所蔵するが、本書では新製時の姿に近い2000年撮影の写真を中心に紹介する。

NJ1662(いすゞ KC-LV380N)

虹が丘のニュータウン路線用高出力車は、長尺・3扉から中間尺・2扉へと変更された。本年度は1660〜1662の3台が新製され、1662は当初、イラストバス「TOQ BOX」であった。

E1654(いすゞ KC-LR333J)

初めて採用されたジャーニーKのKC-車。エンジンが6HH1型に変更され、側面方向幕が大型車と同じように最前部の側窓内に設置された。1650〜1659の10台が荏原で活躍していた。

T1600（日産ディーゼルKC-UA460HSN）

日産ディーゼルUAのKC-車。1600～1602が弦巻、1603～1606
が池上、1607～1610が川崎、1611～1614が新羽に配置された。
1602・1614は当初、イラストバス「TOQ BOX」であった。

M1677（三菱ふそうKC-MP747K）

本年度は市販されたばかりのエアロスターノンステップバスを一挙に21
台購入して注目された。1986年に都市新バスとして整備した目黒通りの
黒01・黒02系統に集中投入した。

A1698（三菱ふそうKC-MP317K）

本年度から一般路線用の三菱車も、フルモデルチェンジされたニューエアロスターとなった。1696 ～ 1699が淡島に配置され、1698は当初、イラストバス「TOQ BOX」であった。

O1628（日野KC-HT2MLCA）

ブルーリボンのKC-車。1625 ～ 1629が大橋、1630・1631が高津、1632 ～ 1634が青葉台、1635 ～ 1638が東山田に配置され、1629・1631・1634はイラストバス「TOQ BOX」であった。

TA7016（三菱ふそうKC-MK219F）

「東急コーチ」専用車にもKC-車が登場。観光マスク・トップドアは踏襲されたが、ヘッドライトが4灯の路線タイプに変更された。6409 ～ 6413が瀬田、7016・7017が高津で活躍した。

SI2100（三菱ふそうKC-MU612TA）

オープントップのエアロキングで、年式は1997年であるが、2020年にはとバスから中古購入したもの。2022年10 ～ 11月には「渋谷オープントップバスツアー」に使用されている。

1998(平成10)年度の車両

　1998(平成10)年度は一般路線用として、短尺の日産ディーゼル・日野・いすゞ製KC-車を導入。ニュータウン路線用として、中間尺のいすゞキュービックが増備された。三菱ふそうの大型路線車はノンステップバスのみを採用。また日野ブルーリボンノンステップバスが初めて導入された。中型の三菱エアロミディには、9m尺と7m尺のワンステップバスが登場している。7月に開業した東急トランセ代官山循環線用として、三菱ローザを新製。10月に開業したたまプラーザ～羽田空港線用として、三菱エアロバスが導入されている。

O1735(日野KC-HU2PMCE)

初めて採用されたブルーリボンHUノンステップバス。ZF社製のトルコン式オートマチックトランスミッションを装備している。中間尺の1734・1735が大橋に新製配置されている。

M1726(日野KC-HT2MLCA)

ブルーリボンHTの短尺車で、本年度からアイドリングストップ機構つき。1725・1726が目黒、1727が青葉台、1728～1730が東山田、1731・1732が大橋、1733が高津に配置された。

日産ディーゼルUAの短尺車も、本年度からアイドリングストップ機構を装着。1700・1701が新羽、1702・1703が弦巻、1704・1705が池上、1706・1707が川崎に新製配置された。

T1702（日産ディーゼルKC-UA460HSN）

前年度に続いて導入された短尺のキュービックツーステップバスKC-車。他メーカー車と同様、アイドリングストップ機構が装着された。本年度は1台だけ荏原に配置されている。

E1750（いすゞ KC-LV380L）

NJ1751（いすゞ KC-LV380N）

前年度に引き続き採用された標準尺のキュービックツーステップバスKC-車。アイドリングストップ機構が装着された。虹が丘に1台だけ配置され、ニュータウン路線で活躍した。

A1783（三菱ふそうKC-MP747K）

前年度に続いて導入されたエアロスターノンステップバスで、アイドリングストップ機構を装備。1779～1788は淡島に配置され、窓上と裾部にブルーをあしらったデザインが採用された。

M1789（三菱ふそうKC-MP747K）

本年度のエアロスターノンステップバスのうち、1789だけは目黒に新製配置。前年度の同型車とボディカラーを揃えるためか、この1台だけブルーのラインが採用されなかった。

A1775（三菱ふそうKC-MK219J改）

「新低床バス」と名づけられた9m尺のエアロミディMKワンステップバスである。アイドリングストップ機構を装備している。1775～1778の4台が淡島所管の狭隘路線で活躍した。

SI7803（三菱ふそうKC-BE632E）

東急トランセ代官山循環線用として、東急トランセ下馬営業所に5台新製配置されたローザショートボディ。ワインレッドのオリジナルデザインで、後面にリフトを装備している。

S1792（三菱ふそうKC-MJ218F改）

「タマリバーバス」用として、瀬田に3台配置された7m尺のエアロミディ MJワンステップバス。アイドリングストップ機構つきで、同路線のシンボルマークがあしらわれている。

TA1736（日野KC-RU1JHCB）

契約貸切輸送用として2001年度に中古購入したセレガFC。ワンロマカラーに塗られている。スイングドア・T字型窓で直結式冷房を装備。東急トランセ高津営業所に配置されていた。

NJ1793（三菱ふそうKC-MS829P）

たまプラーザ〜羽田空港間のリムジンバス用として、1793・1794の2台が新製されたエアロバス。夜行バスのデザインを暖色系に改めたカラーで登場した。乗客定員は60人である。

1999（平成11）年度の車両

　1999（平成11）年度は一般路線用の短尺車として、4メーカーのKC-車を増備。ニュータウン路線用の中間尺車として、日野ブルーリボンといすゞキュービックが導入された。ブルーリボンノンステップバスは長尺車も採用。深夜急行バス用として、観光マスク・トップドアで長尺・高出力のブルーリボンが導入されている。三菱エアロミディの9m尺と7m尺のワンステップバスを前年度に続いて採用。「東急コーチ」用の観光タイプのエアロミディは前中扉仕様で増備され、初めて「平成10年排出ガス規制」適合のKK-車が加わっている。

M1881（三菱ふそうKC-MP317K）

1998年度に続いて採用されたエアロスターツーステップバス。側窓が銀色サッシに変更され、他メーカー同様アイドリングストップ機構つきとなった。目黒に1台だけ新製配置。

A1875（三菱ふそうKC-MK219J改）

エアロミディMKワンステップバスは、後面窓下のテールランプが前年度の縦型から横型に変更された。1875〜1880の6台が淡島に配置され、1875・1876はのちにNHK線用となった。

S6423（三菱ふそうKK-MK23HF改）

観光タイプの「東急コーチ」専用車には「平成10年排出ガス規制」適合のKK-車が登場。ボディスタイルは前中扉仕様である。6422・6423が瀬田、7021・7022が高津に配置された。

TA7018（三菱ふそうKC-MK219F改）

本年度上期の「東急コーチ」専用車は「平成6年排出ガス規制」適合のKC-車。ただし1997年度車とは異なる前中扉仕様となっている。7018 ～ 7020の3台が高津に新製配置された。

SI1885（三菱ふそうKC-MJ218F改）

前年度に引き続き導入されたエアロミディの7mワンステップバス。ボディスタイルは前年度車と変わっていない。1883 ～1885の3台が下馬の東急トランセ委託路線に運用された。

KA1802（日産ディーゼルKC-UA460HSN）

前年度に続いて増備された日産ディーゼルUAの短尺ツーステップバス。富士7E型ボディは前年度車と同型。1800が弦巻、1801が池上、1802が川崎、1803が新羽に新製配置された。

E1850（いすゞ KC-LV380L）

前年度に引き続き導入されたキュービックの短尺ツーステップ
バス。ボディスタイルに前年度の車両との差異は見られない。
前年度同様、1台だけが荏原に新製配置されている。

NJ1852（いすゞ KC-LV380N）

前年度に続いて増備されたキュービックの中間尺ツーステッ
プバス。ボディスタイルは前年度車と同じである。1851 ～
1856の6台が虹が丘のニュータウン路線に運用されていた。

M1835（日野KC-HU2PMCE）

前年度に引き続き採用されたブルーリボン中間尺ノンステップバス。1833 ～ 1835が大橋に新製配置されたが、同営業所が閉所さ
れると、1998年度車2台とともに目黒に転属した。

AO1831（日野KC-HU2PPCE）

本年度に初めて登場したブルーリボンの長尺ノンステップバス。P11C型エンジン＋ZF社製トルコンATの組み合わせは短尺車と同
じである。1829 ～ 1832の4台が青葉台に配置された。

H1828（日野KC-HT2MLCA）

前年度に引き続き導入されたブルーリボンの短尺ツーステップ
バス。ビルトインタイプの冷房装置が搭載されている。マーカー
ランプのある1台だけが東山田に新製配置された。

AO1826（日野KC-HT2MMCA）

初めて採用されたブルーリボンの中間尺ツーステップバス。同
年式の短尺車と同じように、ビルトインタイプの冷房装置が搭
載されている。1826・1827が青葉台に配置された。

AO1836（日野KC-HU3KPCA）

観光マスク・長尺・高出力エンジン搭載のワンロマ車。これまでのワンロマ車とは異なるトップドア仕様となった。1836・1837
が青葉台に配置され、深夜急行バスに使用された。

NI1838（日野KC-RU3FSCB）

契約貸切輸送用として2006年に中古購入したセレガFD。乗客定員は60人で、ワンロマカラーに塗られている。2009年末の取材
時には、乗合登録のリムジンバス予備車扱いだった。

2000(平成12)年度の車両

　2000(平成12)年度の新車は大型ノンステップバス10台のみとなり、東急の路線バスの仕様が過渡期に入ったことをうかがわせた。各事業者が積極的に導入を進めた大型ノンステップバスだが、三菱エアロスター以外はZF製のATを搭載しており、変速ショックの大きさや燃費の悪さなどが指摘されていた。そこで東急バスは日産ディーゼルUAのワンステップバスをベースに、中扉より後ろをステップアップしたノンステップバスを発注。国産のMTを搭載し、最後部にデッドスペースがない、のちの標準仕様となる車両を導入した。

I1901(日産ディーゼルKC-UA460HAN改)

UAワンステップバスを改造した西工ボディの短尺ノンステップバス。のちのノンステップバスGタイプのベースになった。1900～1904の5台が導入され、池上で使用されていた。

TA1975(三菱ふそうKC-MP747K)

MT仕様のエアロスターノンステップバスは引き続き増備。ただし本年度車は中扉が引戸に変更された。1975～1979が東山田に新製配置されたが、いずれも高津に転属している。

2001（平成13）年度の車両

　2001（平成13）年度は中型が「平成10年排出ガス規制」適合のKK-車、大型が「平成11年排出ガス規制」適合のKL-車となった。いすゞと日野は同時にフルモデルチェンジされ、エルガとブルーリボンシティが誕生した。本年度の一般路線車はすべてノンステップバスとなり、「東急コーチ」にも初めて中型ノンステップバスを投入。三菱エアロスターのワンロマ車が初登場し、ワンロマ車の新たなスタイルが確立された。また空港連絡バスの用の三菱エアロバスも新製されている。なお、本年度の車両には200番台の社番が与えられた。

E255（いすゞ KL-LV280L1改）

いすゞの短尺大型車はエルガノンステップバスとなり、冷房装置はキュービックと同じゼクセル製が搭載されている。250・254～258が荏原、251～253が弦巻に新製配置された。

T204（日産ディーゼルKL-UA452KAN改）

日産ディーゼル製は前年度と異なる富士ボディ。ノンステップバスGタイプである。200・201・210～212が新羽、202～205が弦巻、206～208が池上、209が川崎に新製配置された。

AO235（日野KL-HU2PPEE）

MT仕様の設定がなかった日野の大型車は、ZF製AT搭載のブルーリボンシティノンステップバスを導入。長尺タイプの235 ～ 237が青葉台所管のニュータウン路線で使用されていた。

S225（日野KK-HR1JKEE）

「東急コーチ」自由が丘線には、中型ノンステップバスを初めて投入。観光マスクのレインボーHRである。コーチの乗合路線化に伴い、一般路線車の社番225 ～ 234が与えられた。

M2875（三菱ふそうKK-BE63EE）

契約輸送用の貸切バスとして、淡島に1台だけ新製配置されたローザショートボディ。4M51型エンジンを搭載し、前後輪ともリーフサス仕様だった。のちに目黒に転属している。

AO2672（三菱ふそうKK-BE63EG改）

契約輸送用として、青葉台に1台、大橋に5台配置されたローザロングボディ。青葉台の2672は後面リフトつきで改造型式となった。2009年末の取材時には2672だけが残っていた。

H291（三菱ふそうKL-MP37JK）

KC-車に続いて採用されたエアロスターノンステップバスの短尺車。ただし三菱製の冷房ユニットの形状がKC-車とは異なる。283・284が目黒、289～291が東山田に配置された。

AO277（三菱ふそうKK-MJ26HF改）

「東急コーチ」青葉台線・市が尾線用として、青葉台に8台配置された観光マスクのエアロミディ MJノンステップバス。コーチの乗合路線化に伴い、社番は275～282が与えられた。

NI287（三菱ふそうKL-MP35JM改）

観光マスク・前中引戸・引き違い窓の長尺ワンステップバス。新たなスタイルのワンロマ車である。285・286が高津、287が新羽に配置され、287はのちに契約輸送用となった。

NI288（三菱ふそうKL-MS86MP）

たまプラーザ～羽田空港線用として、本年度は1台だけ導入されたエアロバス。折戸とサブエンジン式冷房を装備し、乗客定員は60人である。新路線の開業に伴い新羽に転属した。

2002（平成14）年度の車両

　2002（平成14）年度も大型のKL-車と中型のKK-車を増備。4メーカーの短尺ノンステップバスが導入され、ニュータウン路線にいすゞエルガの中間尺ワンステップバスが投入された。日野ブルーリボンシティのワンロマ車が初めて登場。小型の三菱エアロミディ MEがCNCバスとして採用された。また羽田空港線に三菱エアロバスのスタンダードデッカー、成田空港線にハイデッカーが導入された。なお、本年9月には首都高速建設のために大橋営業所が廃止され、所管路線と車両が下馬、弦巻、目黒、瀬田の各営業所に移管されている。

NJ356（いすゞ KL-LV280N1）

ニュータウン路線の後継車として採用されたエルガワンステップバスの中間尺車。前中引戸で、ゼクセル製の冷房装置が搭載されている。355 ～ 358の4台が虹が丘に配置された。

T360（いすゞ KK-LR233J1改）

初めて採用されたエルガミオノンステップバス。弦巻に新製配置された359 ～ 365はゼクセル製の冷房装置が搭載されている。目黒区や世田谷区などの狭隘路線に運用されていた。

T353（いすゞ KL-LV280L1改）

前年度に続いて導入されたエルガミオノンステップバスの短尺車。353・354が弦巻に配置された。なお、本年度から路線車の前頭部に丸形の通風装置が設置されるようになった。

E369（いすゞ KK-LR233J1改）

エルガミオのうち、荏原に新製配置された366〜369は冷房装置がデンソー製だった。同じ年式で仕様が異なる例は、東急では珍しい。品川区や大田区の狭隘路線に運用されていた。

I307（日産ディーゼルKL-UA452KAN改）

引き続き増備された富士ボディの日産ディーゼルUA短尺ノンステップバス。300〜302・313〜316が下馬、303〜308・317〜321が池上、309が川崎、310〜312が新羽に配置された。

M345（日野KK-HR1JKEE）

一般路線用としては初めて採用されたレインボー HR。前部に丸形ファンが設置された点は本年度の他車と同じである。327〜337が下馬、338〜341が瀬田、342〜352が目黒に新製配置されている。

SI325（日野KL-HU2PMEE）

前年度の長尺車に続いて導入された中間尺のブルーリボンシティノンステップバス。ZF製のATが搭載されている最終増備車となった。322・325・326の3台が下馬に配置された。

AO323（日野KL-HU2PREA改）

深夜急行バスのバリアフリー化を図るために登場したワンステップのワンロマ車。日野車は観光マスクではなく路線マスクとなっている。323・324が青葉台に配置されている。

S399（三菱ふそうKK-ME17DF改）

小型CNGノンステップバスのエアロミディMEで、東急のCNGバスはこのグループが唯一となった。398・399が瀬田に配置され、コミュニティ的路線の玉04・玉05系統に使用された。

S2780（三菱ふそうKK-BE63EE）

契約輸送用の貸切バスとして、新羽に1台だけ新製配置されたローザショートボディ。4M51型エンジンを搭載し、前後輪ともにリーフサス仕様だった。のちに瀬田に転属している。

A397（三菱ふそうKL-MP37JK）

引き続き導入された短尺のエアロスターノンステップバスで丸形ファンを設置。383 ～ 387が新羽、391・392が東山田、371 ～ 379・395 ～ 397が淡島に新製配置されている。

H394（三菱ふそうKL-MP35JM改）

前年度に続いて増備されたワンロマ仕様のエアロスターワンステップバス。本年度から前頭部に丸形ファンが設置された。388 ～ 390が新羽、393・394が東山田に配置されている。

T380（三菱ふそうKL-MS86MS）

渋谷～羽田空港線用として、弦巻に380 ～ 382の3台が配置されたエアロバススタンダードデッカー。折戸とサブエンジン式冷房を装備し、乗客定員は60人。のちに新羽に転属した。

NI3002（三菱ふそうKL-MS86MP）

新百合ヶ丘～成田空港線用として、虹が丘に3001 ～ 3003の3台が配置されたエアロバス。スイングドアと直結式冷房を装備し、後部トイレつきの49人乗り。のちに新羽に転属した。

2003（平成15）年度の車両

　2003（平成15）年度も大型のKL-車と中型のKK-車を増備。一般路線用の短尺ノンステップバス、ニュータウン路線用の中間尺・長尺ワンステップバスが導入され、後者は中扉に4枚折戸が採用された。本年度は初めて日産ディーゼル・日野・三菱ふそうの中型ロングタイプを導入。狭隘路線用の中型車も同じ3メーカーから購入し、ワンステップバスが加わっている。空港連絡バスは羽田系統用にトイレなし、成田系統用にトイレつきの三菱エアロバスを増備。貸切バスのエアロバスMM、特定バスの三菱エアロスターも新製されている。

NJ488（三菱ふそうKL-MP35JM改）

ニュータウン路線の経年3扉車を代替するため登場したエアロスター長尺ワンステップバス。中扉に4枚折戸が採用されている。482 ～ 493の12台が虹が丘の所管路線で活躍した。

NI473（三菱ふそうKL-MP35JM改）

同じ型式のワンロマ仕様も増備。こちらは観光マスク・前中引戸・引き違い窓で、ハイバックシートを装備している。本年度の新製は1台だけで、高津→新羽に配置されている。

NI477（三菱ふそうKL-MP37JK）

前年度に引き続き増備された一般路線用のエアロスターノンステップバス。短尺タイプのKL-車である。474 ～ 480が新羽、481が淡島、494 ～ 499が東山田の所管路線で活躍した。

S467（三菱ふそうKK-MK27HM）

ノンステップバスの普及を図るため、本年度から導入された中型ロングタイプ。エアロミディMKは本型式。467～470が瀬田に配置され、大型の経年ツーステップバスを代替した。

TA472（三菱ふそうKK-MK25HJ）

川崎市内の狭隘路線用として採用されたエアロミディMKワンステップバス。KC-車と異なりデンソー製の冷房装置が搭載されている。471・472の2台が高津に新製配置されている。

NI4076（三菱ふそうKL-MP35JK）

神奈川県立中原養護学校のスクールバスを代替するため、新羽に4075～4081の7台が配置されたエアロスター短尺ツーステップバス。先代と同様、1台ずつ異なるカラーをまとう。

S2276（三菱ふそうKK-MM86FH）

小グループの貸切需要に応えるため登場した9m尺大型車のエアロバスMM。直結式冷房装置が搭載されている。28人乗りの2275と40人乗りの2276があったが、外観は同一だった。

NI3022（三菱ふそうKL-MS86MP）

空港リムジンバス用のエアロバスで、スイングドア・直結式冷房・後部トイレつき49人乗りの3004・3005、折戸・直結式冷房・トイレなし56人乗りの3020～3022が新製された。

T402（日産ディーゼルKL-JP252NAN改）

日産ディーゼル製にも本年度から中型ロングタイプが登場。ノンステップのJPで、西工ボディが架装されている。400〜406が新製され、弦巻の大型ツーステップバスを代替した。

I410（日産ディーゼルKK-RM252GAN改）

7年ぶりに採用された日産ディーゼル製の中型車。ノンステップのRMで、中型車としては東急初の西工ボディが架装されている。407〜409が下馬、410〜416が池上に配置された。

KA419（日産ディーゼルKL-UA452KAN改）

前年度に続いて増備されたUAの短尺ノンステップバスであるが、ボディと冷房装置が富士重工製から西工＋デンソー製に変更された。417〜420の4台が川崎に配置されている。

KA423（日産ディーゼルKL-UA452KAN）

ラッシュ時の収容力を確保するため、一般路線用として初めて採用された短尺ワンステップバス。西工ボディにデンソー製の冷房装置を搭載。421〜425が川崎に配置されている。

TA427（日野KL-HR1JNEE）

三菱ふそう製や日産ディーゼル製と併せて採用された、日野の中型ロングタイプであるレインボーHR。427〜429の3台が高津に新製配置され、大型ツーステップバスを代替した。

S426（日野KK-HR1JKEE）

前年度に引き続き導入されたレインボーHRの9m尺ノンステップバス。屋根上の丸形ファンが前年度車より前寄りに設置されている。本年度は瀬田に1台だけ新製配置されている。

TA445（日野KL-HU2PLEA）

前述の日産ディーゼルUAと併せ、一般路線用として登場したブルーリボンシティHUワンステップバスの短尺車。443〜447の5台が東山田に新製配置され、高津に転属して活躍した。

AO442（日野KL-HU2PREA）

前年度のワンロマ車に続き、ニュータウン路線用として導入されたブルーリボンシティHUの長尺車。冷房ユニットをビルトインから屋根上に変更。430〜442が青葉台に配置された。

E452（いすゞ KL-LV280L1改）

前年度に続いて増備された
一般路線用のエルガ短尺ノ
ンステップバス。本年度か
ら側窓がサッシレスとなり、
デンソー製の冷房が搭載さ
れた。450～455が荏原に
新製配置されている。

本年度はいすゞエルガにも
一般路線用の短尺ワンス
テップバスが登場。側窓は
サッシレスで、デンソー製
の冷房を装備する。456～
460が川崎、461・462が
虹が丘に配置された。

KA460（いすゞ KL-LV280L1）

NJ463（いすゞ KL-LV280N1）

前年度に続いて導入された
エルガ中間尺ワンステップ
バス。本年度は4枚折戸が採
用され、側窓がサッシレス、
冷房がデンソー製になった。
463～465が虹が丘に配置
されている。

2004(平成16)年度の車両

　2004(平成16)年度は大型のKL-車と中型のKK-車に加え、「平成16年排出ガス規制」に適合した大型の PJ-車、中型のPA-車・PB-車の導入を開始。日野ブルーリボンシティハイブリッドのACG-車も採用された。 空港リムジンバスに日野セレガRが初めて登場。貸切バスとして三菱エアロクィーンⅡが導入されている。 なお、筆者が3回目の東急バスの車両撮影取材に臨んだのは2021(令和3)年の年末で、2005～2009年式 については2009年と2021年に撮影した写真を所蔵するが、本書では新製時の姿に近い2009年撮影の写真 を中心に紹介する。

H568(日野ACG-HU8JLFP)

新たな低公害車両として採用されたブルーリボンシティハイブリッド。短尺タイプのノンステップバスが選択されている。568・ 569の2台が東山田の所管路線で活躍を開始した。

T537(日野PB-HR7JPAE)

本年度から導入が開始されたレインボーHRノンステップバス のPB-車。側面表示器が戸袋前に設置されている。10.5m尺の 中型ロングタイプは530～537が弦巻に集中配置された。

SI543(日野PB-HR7JHAE)

10.5m尺のHRと併せて採用された9m車。側面表示器は戸袋前 に設置。538～541が瀬田、542～545が下馬に新製配置され たが、2009年の取材時には538～540も下馬に転属していた。

A577（三菱ふそうPJ-MP37JK）

本年度から導入されたエアロスターノンステップバスのPJ-車で、側面表示器は戸袋前に変更。577・578・586・587が淡島、579・580・592が目黒、590・591が瀬田に配置された。

A585（三菱ふそうPJ-MP37JK）

本年度のエアロスターノンステップのうち、585はサンプルカーを購入したものである。黒色サッシと着色ガラスを装備し、側面表示器が前扉隣にあるなど仕様が異なっていた。

AO573（三菱ふそうPA-MK27FH）

本年度から導入が開始されたエアロミディMKノンステップバスのPA-車。側面表示器は前扉と戸袋の間の一枚窓に設置されている。570～573・598・599が青葉台に新製配置された。

SI588（三菱ふそうPA-MK27FM）

上記の9m車と併せて採用された中型ロングタイプのエアロミディMKノンステップバスのPA-車。側面表示器はKK-車と同じ前扉隣である。588・589の2台が下馬に新製配置された。

H593（三菱ふそうPJ-MP35JK）

PJ-車で初めて採用された一般路線用のエアロスター短尺ワンステップバス。側面表示器は前扉隣に設置。581・582が高津、583が虹が丘、584・593 〜 596が東山田に配置された。

KA508（日産ディーゼルKL-UA452KAN改）

日産ディーゼルの大型は本年度もKL-車を増備。ワンステップバスは新製されず、ノンステップバスだけが登場。500 〜 505が池上、506 〜 508が川崎、509 〜 518が新羽に配置された。

SI519（日産ディーゼルPB-RM360GAN）

日産ディーゼルの中型は本年度からPB-車のスペースランナー RMを採用。日野製J07E型エンジンを搭載し、フルモデルチェンジされた本型式となった。下馬配置の519、弦巻配置の520、2台だけ在籍した。

T561（いすゞPJ-LV234L1）

本年度のエルガはKL-車とPJ-車が在籍。PJ-車はキュービック以来の8PE1型エンジンから6HK1型エンジンに変更された。ノンステップの560 〜 562を弦巻、563 〜 565を荏原に配置。

KA552（いすゞKL-LV280L1改）

前年度に引き続き導入された短尺エルガのKL-車。ボディスタイルは前年度車と同一で、PJ-車とはデンソー製の冷房ユニットの形状が異なる。川崎の550～552はノンステップバス。

NJ555（いすゞKL-LV280L1）

前年度に続いて採用された一般路線用のエルガ短尺ワンステップバス。こちらは本年度にはKL-車だけが増備されている。553～559の7台が虹が丘の所管路線で使用されていた。

TA526（日野KL-HR1JNEE）

前年度に引き続き導入された中型ロングタイプのレインボーHRノンステップバスのKL-車。本年度車は側面表示器が戸袋前に変更されている。525～529が高津に新製配置された。

NI4451（いすゞKK-LR233J1）

スクールバスとして2台が高津に新製配置されたガーラミオ。サーモキング製の冷房装置が搭載されている。のちに新羽に転属し、5050・5051から4450・4451に改番されている。

H548（日野PB-RX6JFAA）

本年度に初めて採用されたリエッセで、中扉にリフトを装備する。さくらが丘線用として546～548の3台が川崎に新製配置され、同営業所の閉所とともに東山田に転属している。

NI6549（トヨタPB-XZB50）

契約輸送用の貸切バスとして、新羽に1台だけ新製配置されたトヨタコースターロングボディ。N04C型エンジンが搭載されたハイルーフ仕様である。のちに虹が丘に転属している。

S575（三菱ふそうKK-ME17DF）

2002年度に続いて採用された小型ノンステップバスのエアロミディME。2002年度と異なりディーゼル車となっている。575・576が瀬田に配置され、玉04・玉05系統に使用された。

AO574（三菱ふそうKL-MP35JM改）

前年度に引き続き導入されたエアロスター長尺ワンステップバスのKL-車。観光マスク・前中引戸・引き違い窓のワンロマ車である。574は青葉台、597は東山田に新製配置された。

NI3526（日野KL-RU4FSEA）

空港リムジンバスの羽田系統用として、3525・3526の2台が虹が丘に配置されたセレガR-FS。直結式冷房装置を装備し、乗客定員は51人である。のちに新羽や弦巻に転属している。

12年ぶりに新製されたマーキュリーカラーの貸切バス。低運転席仕様のエアロクィーンⅡが選択された。乗客定員は50人。2277〜2279が東急トランセ瀬田営業所に配置された。

S2278（三菱ふそうKL-MS86MP）

SI2279（三菱ふそうKL-MS86MP）

ハイクラス貸切ツアーの人気が高まるなか、東急ではエアロクィーンⅡを改造。最後部にトイレを設置し、3列シート24人乗りとした豪華貸切バス「プレミアム」を誕生させた。

2005（平成17）年度の車両

　2005（平成17）年度は各メーカーの「平成16年排出ガス規制」適合型式、PA-車・PB-車・PK-車・PJ-車が出揃い、日産ディーゼルの大型は尿素SCRシステムを使って「平成17年排出ガス規制」に適合したADG-車となった。大型は短尺のノンステップバスと3サイズのワンステップバスを増備。中間尺・長尺ワンステップバスは前中4枚折戸が標準仕様となった。中型ロングタイプのノンステップバス、中型ノンステップバス・ワンステップバスも導入されている。なお、本年度の下期から、紫外線を吸収する着色ガラスが採用されている。

NI618（日産ディーゼルADG-RA273KAN）

日産ディーゼルの大型は尿素SCRシステムが導入されたADG-車となり、スペースランナー RAと名づけられている。ノンステップバスは612 〜 619の8台が新羽に集中配置されている。

NI622（日産ディーゼルADG-RA273KAN）

尿素SCRシステムが導入されたスペースランナー RAのワンステップバス。本年度の日産ディーゼル製のワンステップバスは短尺タイプのみ。620 〜 624の5台が新羽に新製配置されている。

I611（日産ディーゼルPK-JP360NAN）

日産ディーゼル製の中型ロングタイプもPK-車となり、スペースランナー JPと名づけられている。エンジンは中型車と同じ日野製J07Eである。607〜611が池上に新製配置された。

T601（日産ディーゼルPB-RM360GAN）

前年度に引き続き導入されたスペースランナー RMノンステップバス。標準的な9m尺で、前年度車との外観上の差異は見られない。600〜604が弦巻、605・606が下馬に配置された。

M627（日野PB-HR7JHAE）

前年度に続いて増備されたレインボー HRノンステップバス。本型式は標準的な9m尺で、ボディスタイルは前年度と同じである。本年度の新製は1台だけで、目黒に配置されている。

TA630（日野PA-KR234J1改）

本年度から採用が開始されたいすゞ・日野の統合モデル。中型はレインボーIIと名づけられている。本年度はワンステップの630〜632が、高津に契約輸送用として配置された。

H643（日野PJ-KV234Q1改）

大型のいすゞ・日野の統合モデルはブルーリボンⅡ。ニュータウン路線用の長尺ワンステップバスは中扉を4枚折戸にして導入された。642・643が東山田に新製配置されている。

NJ629（日野PJ-KV234L1）

長尺車と併せて採用されたブルーリボンⅡの短尺ワンステップバス。PJ-車では、エルガワンステップバスとまったく同型である。628・629・633が虹が丘に新製配置されている。

M626（日野ACG-HU8JLFP）

前年度に引き続き採用されたブルーリボンシティハイブリッドの短尺ノンステップバス。ボディスタイルは前年度車と同じである。625・626の2台が目黒の所管路線で活躍した。

AO634（日野KL-HU2PREA）

2003年度に続いて導入されたブルーリボンシティHUワンステップバスの長尺車。2年ぶりの増備となったが、外観上の差異は見られない。634～636の3台が青葉台に配置された。

AO639（日野KL-HU2PLEA）

こちらも2003年度に続いて採用されたブルーリボンHUワンステップバスの短尺車である。638・639が虹が丘、640・641が東山田に配置されたが、638・639は青葉台に転属した。

NJ666（いすゞ PJ-LV234N1改）

本年度初めて導入されたエルガPJ-車の中間尺ワンステップバス。2003年度のKL-車を踏襲し、中扉に4枚折戸が採用されている。665 ～ 668が虹が丘のニュータウン路線で活躍した。

KA659（いすゞ PJ-LV234L1）

前年度に引き続き増備されたエルガPJ-車の短尺ノンステップバス。ボディスタイルは前年度車と同一である。650・651が弦巻、652 ～ 654が荏原、656 ～ 659が川崎に配置された。

KA660（いすゞ PJ-LV234L1）

本年度初めて採用されたエルガPJ-車の短尺ワンステップバス。統合モデルのブルーリボンⅡワンステップバスと同型で見分けがつかない。660 ～ 664の5台が川崎に配置された。

T655（いすゞ PA-LR234J1）

本年度初めて採用されたエルガミオのPA-車。統合モデルのレインボーⅡと同型であるが、こちらはノンステップバスが選択されている。新製されたのは1台で、弦巻に配置された。

H6683（三菱ふそうPJ-MP35JM改）

初めて導入されたエアロスター PJ-車の長尺ワンステップバス。側窓に着色ガラスを採用。新車台数が多かった本年度は6600番台も付番され、6682 ～ 6686が東山田に配置された。

NI672（三菱ふそうKL-MP35JM改）

前年度に続いて増備されたワンロマ仕様のエアロスター長尺ワンステップバス。この車種だけ本年度もKL-車で、ボディスタイルは前年度と同一。672 ～ 674が新羽に配置された。

S683（三菱ふそうPJ-MP37JK）

引き続き導入されたエアロスター PJ-車の短尺ノンステップバス。側面表示器が戸袋前にある点は同じ。681 ～ 687が瀬田、688・689が目黒、698・699が東山田に新製配置された。

S677（三菱ふそうPA-MK27FM）

前年度に続いて導入された中型ロングタイプのエアロミディMKノンステップバス。ボディスタイルは前年度と変わっていない。675・676が下馬、677 ～ 680が瀬田に配置された。

TA690（三菱ふそうPA-MK25FJ）

本年度だけ採用された9m尺のエアロミディMKワンステップバス。三菱製の中型車は大型車と異なり、デンソー製の冷房装置が搭載されている。690・691が高津に配置された。

NJ6677（三菱ふそうPJ-MP35JK）

虹が丘に7台が配置されたエアロスター PJ-車の短尺ワンステップバス。側窓が紫外線を吸収する着色ガラスに変更されている。6600番台の社番、6675 ～ 6681が与えられている。

AO695（三菱ふそうPJ-MP35JK）

前年度に続いて導入されたエアロスター PJ-車の短尺ワンステップバス。600番台の6台は前年度の車両と同じボディスタイル・仕様で登場した。692 ～ 697が青葉台に配置された。

NI3675（三菱ふそうKL-MS86MP）

空港リムジン用のエアロバスは本年度もKL-車を増備。スイングドアと直結式冷房・ワイドトランクを装備し、後部トイレつきの50人乗り。3675・3676が成田系統に運用された。

NI2785（三菱ふそうPA-BE63DE）

契約輸送用の貸切バスとして1台だけ導入されたローザショートボディ。中折戸と黒色サッシの引き違い窓を持ち、前後輪ともリーフサス仕様であった。新羽に配置されていた。

E6687（三菱ふそうPA-BE63DE）

同じく契約輸送用の貸切バスとして1台だけ新製されたローザショートボディ。こちらは銀色サッシの引き違い窓を持ち、着色ガラスが採用されている。荏原に新製配置された。

2006(平成18)年度の車両

　2006(平成18)年度もPA-車・PB-車・PK-車・PJ-車を増備。日産ディーゼルの大型はPKG-車となった。大型は前年度と同じように、短尺のノンステップバスと3サイズのワンステップバスを採用。日産ディーゼルと三菱ふそうの中型ロングタイプも導入されている。狭隘路線用には9m尺の中型ノンステップバス・ワンステップバスを投入。東急トランセ代官山循環線は日野リエッセに代替された。また本年度は契約輸送用車両の新製も目立ち、トップドアの日野ブルーリボンIIやノンステップのいすゞエルガミオなどが加わっている。

NJ777(いすゞ PJ-LV234L1)

前年度に続いて導入された一般路線用のエルガワンステップバス。短尺タイプのPJ-車で、側窓に着色ガラスが採用されている。771・772・775 ～ 778が虹が丘に新製配置された。

H779(いすゞ PJ-LV234N1改)

前年度に続いて増備されたニュータウン路線用のエルガワンステップバス。中間尺タイプのPJ-車で、着色ガラスを採用。773・774が虹が丘、779 ～ 783が東山田に新製配置された。

E763（いすゞ PA-LR234J1改）

「しながわ水族館」シャトルバスを代替するため新製されたエルガミオノンステップバス。アザラシが描かれたオリジナルデザイン。東急と京浜急行バスに1台ずつ配置された。

E765（いすゞ PA-LR234J1改）

契約輸送を行う特定バスとして導入されたエルガミオワンステップバス。前面・側面・後面の表示器が設けられていない。764・765の2台がジャーニーKに代わって任務に就いた。

NI768（いすゞ PA-LR234J1改）

前年度に引き続き導入された狭隘路線用のエルガミオノンステップバスのPA-車。本年度の車両から側窓に着色ガラスが採用されている。766～768の3台が新羽に配置されている。

NJ4750（いすゞ PB-RR7JJAJ）

地域療育センターあおばのシャトルバスとして導入されたガーラミオの貸切車。虹が丘に2台配置され、4750はピンク色でウサギ、4751は緑色でカメをあしらったデザインである。

NJ786（いすゞ PJ-LV234Q1）

同じく契約輸送用の貸切バスとして新製されたエルガ。前折戸・黒枠引き違い窓のツーステップバスで、契約先のオリジナルカラーとなっている。1台のみ虹が丘に配置された。

M743（日野PJ-KV234L1）

前年度に続いて導入された一般路線用のブルーリボンⅡノンステップバス。短尺のPJ-車で着色ガラスを採用。736～740が淡島、741～746が目黒、747・748が東山田に配置された。

NJ734（日野PJ-KV234L1）

前年度に引き続き増備された一般路線用のブルーリボンⅡワンステップバス。短尺タイプのPJ-車で着色ガラスを採用。734・735が高津、751～755が青葉台に新製配置された。

AO760（日野PJ-KV234Q1改）

前年度に続いて導入されたニュータウン路線用のブルーリボンⅡワンステップバス。長尺タイプのPJ-車で、4枚折戸の中扉と着色ガラスを装備。756～760が青葉台に配置された。

NI791（いすゞPB-RR7JJAJ）

契約輸送用の貸切バスとして新製されたガーラミオ。前折戸・黒枠引き違い窓のスタンダードデッカーで、ロマンスカラーをまとっている。791が1台だけで、新羽に配置された。

NI790（日野PB-RR7JJAA）

貸切バスとして新製されたメルファ。前折戸・黒枠引き違い窓のスタンダードデッカー。左のガーラミオ791とまったく同型の790が、新羽で同じ契約輸送用として使用された。

SI7733（日野PB-HR7JHAE）

2年ぶりに採用された9m尺のレインボーHR。本年度車は側窓が着色ガラスに変更された。本年度も新車台数が多いため7700番台も付番され、7732・7733が下馬に配置されている。

SI733（日野PA-KR234J1）

レインボーⅡは本年度も着色ガラスが採用されていない。732・733が高津に新製配置されたが、733は一時期下馬に在籍し、都内では異色のワンステップバスとして活躍した。

H750（日野ACG-HU8JLFP）

2005年度から採用されてきたブルーリボンシティハイブリッドACG-車の最終グループ。これまでと同じ短尺タイプで、本年度のみ着色ガラスである。749・750を東山田に配置。

H762（日野PB-RX6JFAA）

さくらが丘線用の増備車として登場したリエッセで、中扉にリフトを装備する。着色ガラスは使用されていない。761・762が川崎に配置され、閉所とともに東山田に移籍した。

SI7812（日野PB-RX6JFAA）

さくらが丘線用の7734と東急トランセ代官山循環線用の7811〜7815は、側窓に着色ガラスを装備して登場した。このうち7811〜7815はローザと同じワインレッドに塗られている。

TA7700（三菱ふそうPJ-MP37JK）

前年度に引き続き増備された一般路線用のエアロスターノンステップバス。本年度車は着色ガラスが採用された。7700・7701が淡島に配置され、7700はのちに高津に転属した。

NJ7718（三菱ふそうPJ-MP35JM改）

ニュータウン路線用の長尺ワンステップバスで、7718・7719が虹が丘に配置された。なお、三菱車は着色ガラスの採用に合わせ、右側最前部に無着色の細い固定窓が設けられた。

M7714（三菱ふそうPA-MK27FM）

引き続き導入された中型ロングタイプのエアロミディMKノンステップバス。着色ガラスとなった。本年度は一気に16台新製され、下馬に2台、瀬田に5台、目黒に9台配置された。

I7727（三菱ふそうPA-MK27FH）

前年度に続いて採用された9m尺のエアロミディMKノンステップバス。本年度から着色ガラスとなった点は他の車種と同じである。7720～7728の9台が池上に集中配置されていた。

T716（日産ディーゼルADG-RA273KAN）

前年度に引き続き導入されたスペースランナー RAノンステップバスのADG-車。本年度の車両は側窓に着色ガラスが採用されている。716 ～ 718の3台が弦巻に新製配置されている。

E730（日産ディーゼルPKG-RA274KAN）

本年度初めて採用されたスペースランナー RAノンステップバスのPKG-車。側窓はやはり着色となっている。713 ～ 715が高津、719 ～ 724が弦巻、727 ～ 731が荏原に新製配置された。

TA709（日産ディーゼルPKG-RA274KAN）

こちらも本年度が初登場のスペースランナー RAワンステップバスのPKG-車。側窓が着色ガラスとなったことは言うまでもない。701 ～ 712を高津、725を川崎、726を新羽に配置。

T700（日産ディーゼルPK-JP360NAN）

前年度に続いて導入された中型ロングタイプのスペースランナー JPノンステップバス。ボディスタイルは前年度と同じだが、着色ガラスを装備。1台のみ下馬に新製配置され、のちに弦巻に転属した。

2007(平成19)年度の車両

　2007(平成19)年度はPA-車・PB-車・PK-車・PJ-車とBDG-車・PDG-車・PKG-車を並行して採用。大型車は引き続き短尺ノンステップバスと3サイズのワンステップバスが導入され、日野製のハイブリッドバスの増備も続けられた。中型ロングタイプは日産ディーゼル製と日野製を採用。9m尺の中型車は日野製・いすゞ製・三菱ふそう製が増備されている。また渋谷区のコミュニティバス用として、日野ポンチョを初めて採用。空港リムジンバスとして、羽田系統に日野セレガ、成田系統にトイレつきの三菱エアロバスが導入されている。

NJ8792(三菱ふそうPKG-MP35UK)

初登場のエアロスター PKG-車。日産ディーゼル製MD92型エンジンを装備。本年度は8700番台の社番となり、8782 ～ 8785を高津、8787 ～ 8789を青葉台、8790 ～ 8793を虹が丘に配置。

NJ8794(三菱ふそうPKG-MP35UM)

ニュータウン路線用として導入されたエアロスターワンステップバス。中間尺タイプのPKG-車で、中扉に4枚折戸が採用されている。虹が丘に配置され、1型式1台に終わった。

S8780（三菱ふそうPKG-AA274KAN）

三菱製のノンステップバスは日産ディーゼルからOEM供給を受けたエアロスターS。サーモキング製の冷房装置を装備する。8778〜8780を瀬田、8781・8795・8796を目黒に配置。

TA8777（三菱ふそうPJ-MP35JM改）

2年ぶりに採用されたワンロマ仕様のエアロスターワンステップバス。ボディスタイルはKL-車とほぼ同じだが、着色ガラスとなっている。ワンロマのPJ-車はこの1台だけである。

SI8772（三菱ふそうPA-MK27FH）

前年度に引き続き導入された9m尺のエアロスター MKノンステップバス。ボディスタイルは前年度の車両と同じである。8770〜8775の6台が淡島の狭隘路線で活躍を開始している。

TA8786（三菱ふそうPDG-AR820GAN）

本年度初めて採用されたエアロミディ Sワンステップバス。日産ディーゼルからのOEM供給車だが、エンジンは三菱製の6M60型が搭載されている。高津に1台だけ新製配置された。

NI8726（日産ディーゼルPKG-RA274PAN）

スペースランナーRAワンステップバスの長尺車で、中扉に4枚折戸が採用されている。日産ディーゼルの長尺車は初登場である。8724～8726が新羽の特定車・一般路線車となった。

TA8719（日産ディーゼルPKG-RA274KAN）

前年度に続いて導入されたスペースランナーRAワンステップバスの短尺車。全車ともデンソー製の冷房装置が搭載されている。8716～8719が高津、8723が新羽に新製配置された。

I8713（日産ディーゼルPKG-RA274KAN）

前年度に続いて増備されたスペースランナーRAノンステップバス。冷房装置は8702～8714・8720～8722にデンソー製、8715・8727～8730にサーモキング製が搭載されている。

T8701（日産ディーゼルPDG-JP820NAN）

本年度初めて採用されたスペースランナーJPノンステップバスのPDG-車。三菱製の6M60型エンジンが搭載された中型ロングタイプである。8700・8701の2台が弦巻に配置された。

H8755（いすゞPKG-LV234L2）

初めて登場したエルガのPKG-車。エンジンはPJ-車と同じ6HK1型だが、エンジンルームの左側面にルーバーがある点が識別点。本年度はワンステップの8755・8756を東山田に配置。

NI8752（いすゞPA-LR234J1改）

前年度に引き続き導入されたエルガミオワンステップバス。ボディスタイルは前年度の車両から変化していない。本年度は1台だけの新製にとどまり、新羽で使用されている。

NJ8753（いすゞPJ-LV234L1）

前年度に続いて導入されたエルガPJ-車の一般路線用短尺ワンステップバス。ボディスタイルは前年度の車両と同一である。8753・8754の2台が虹が丘の所管路線で活躍している。

M8735（日野BJG-HU8JLFP）

前年度に続いて採用されたブルーリボンシティハイブリッドノンステップバス。本年度からBJG-車に変わったが、ボディスタイルに変化は見られない。8734・8735を目黒に配置。

A8746（日野PDG-KR234J2）

本年度初めて採用されたレインボーⅡノンステップのPDG-車。いすゞエルガミオとの統合モデルだが、PDG-車では前照灯が2灯になった。8746～8748を淡島、8749を瀬田に配置。

T8738（日野PA-KR234J1改）

前年度に引き続き導入されたレインボーⅡワンステップバスのPA-車。本年度車は側窓が着色ガラスに変更されている。高津に1台だけ新製配置され、所管の狭隘路線で活躍した。

T8736（日野PK-HR7JPAE）

2005年度に続いて導入された中型ロングタイプのレインボーHRノンステップバス。本年度車は側窓に着色ガラスが採用されている。8736・8737の2台が弦巻に配置されている。

A6727（日野BDG-HX6JHAE）

渋谷区から運行を受託した「ハチ公バス」専用のポンチョショート。赤いボディカラーで「夕やけこやけルート」に使用されている。6727～6732の6台が淡島に配置されている。

H6726（日野PB-RX6JFAA）

さくらが丘線用の増備車として登場したリエッセのPB-車。中扉にリフトを装備している。6725・6726が川崎に新製配置されたが、同営業所の閉所に伴い東山田で活躍している。

AO8739（日野PJ-KV234L1）

引き続き導入された一般路線用のブルーリボンIIワンステップバス。短尺タイプのPJ-車で、スタイルは前年度車と同じである。8739・8740が青葉台、8741・8742が東山田に配置された。

H8744（日野PJ-KV234L1）

前年度に続いて増備された一般路線用のブルーリボンIIノンステップバス。短尺タイプのPJ-車で、前年度と同型である。8731〜8733が淡島、8743〜8745が東山田に配置された。

NI3727（日野PKG-RU1ESAA）

羽田系統の空港リムジンバス用として新製されたセレガ。スイングドア・T字型窓で、屋根まで続くアクセントラインを持つ。乗客定員は60人。3725〜3729が新羽に配置された。

NI3775（三菱ふそうPJ-MS86JP）

成田系統用の空港リムジンバス用として新製されたエアロバス。エンジンが6M70型に変更されている。スイングドア・T字型窓で、直結式冷房装置を搭載。後部トイレつき50人乗りである。1台のみ新羽に配置された。

2008（平成20）年度の車両

　2008（平成20）年度は全型式が「平成17年排出ガス規制」適合となった。大型の短尺ノンステップバス・ワンステップバス、長尺ワンステップバス、中型ロングタイプのノンステップバス、中型のノンステップバス・ワンステップバス、小型バス、そして空港線用のハイデッカーが並行して増備され、型式の数は多いものの、いすゞと日野の統合モデル、日産ディーゼルと三菱ふそうの相互OEM供給により、ボディスタイルが集約され始めている。なお、本年度は800番台の社番が付与され、購入年度の下1桁と社番の百位が一致した。

NI844（日野PKG-KV234Q2改）

本年度初めて採用されたブルーリボンⅡのPKG-車。いすゞエルガとの統合モデルだが、前照灯が2灯にモデルチェンジされた。長尺のワンステップバスは842～845を新羽に配置。

H846（日野PKG-KV234L2）

長尺車と併せて導入された一般路線用のブルーリボンⅡ短尺ワンステップバス。PKG-車では前照灯が2灯になったことは言うまでもない。846が東山田の所管路線で活躍している。

H848（日野PKG-KV234L2）

ワンステップバスと併せて採用されたブルーリボンⅡPKG-車のノンステップバス。前照灯が2灯となり、エンジンルームの左側面にルーバーがついた。847～849を東山田に配置。

M831（日野BJG-HU8JLFP）

前年度に続いて導入されたブルーリボンシティハイブリッドノンステップバスのBJG-車。ボディスタイルは前年度の車両と同じである。831・832の2台が目黒に配置されている。

S830（日野PDG-KR234J2）

前年度に引き続き増備されたレインボーⅡPDG-車のノンステップバス。スタイルは前年度の車両と同じ。828～830が瀬田に配置され、世田谷区等の狭隘路線に使用されている。

TA837（日野PDG-KR234J2）

狭隘路線用として本年度初めて採用されたレインボーⅡPDG-車のワンステップバス。側窓に着色ガラスを採用。833～839の7台が高津に配置され、現在も所管路線で活躍している。

TA840（日野PDG-KR234J2）

契約輸送用の貸切バスとして、840・841が高津に配置されたレインボーⅡPDG-車のワンステップバス。着色ガラスではなく、前面・側面・後面表示器がない点が路線車と異なる。

H6825（日野BDG-RX6JFBA）

本年度初めて採用されたリエッセのBDG-車。中扉にリフトを装備し、PB-車と同型である。6825はPB-車と異なり当初から東山田に配置され、さくらが丘線などに使用されている

SI7816（日野BDG-RX6JFBA）

7816もリエッセのBDG-車であるが、こちらは東急トランセ代官山線に投入された。中扉にリフトを装備し、6825と同じスタイルだが、東急トランセ独自のワインレッドである。

NJ888（三菱ふそうPKG-MP35UK）

前年度に引き続き増備された一般路線用のエアロスターワンステップバス。本年度から冷房装置がデンソー製に変更されている。883～889を高津、890～895を青葉台に新製配置。

A896（三菱ふそうPKG-AA274KAN）

前年度に引き続き増備された日産ディーゼルOEM供給のエアロスターSノンステップバス。冷房はサーモキング製である。869～872・896が淡島、877～881が瀬田に配置された。

I819（日産ディーゼルPKG-RA274KAN）

前年度に続いて導入されたスペースランナー RAノンステップバス。サーモキング製の冷房が搭載されている。809 ～ 812が目黒、818 ～ 822が池上、823 ～ 825が新羽に配置された。

NI826（日産ディーゼルPKG-RA274KAN）

前年度に引き続き1台だけ採用されたスペースランナー RAワンステップバスの短尺車。前年度の車両と異なり、ワンステップバスでは初めてサーモキング製の冷房が搭載された。

NI899（いすゞPDG-LR234J2）

本年度初めて採用されたエルガミオワンステップバスのPDG-車。レインボーⅡとは異なり、引き続き前照灯4灯のマスクを持つ。858・899の2台が新羽の狭隘路線で活躍している。

KA856（いすゞPKG-LV234L2）

前年度に引き続き導入されたエルガワンステップバス。短尺タイプのPKG-車である。853 ～ 857の5台が川崎に新製配置されたが、同営業所の閉所により高津と東山田に転属した。

KA852（いすゞ PKG-LV234L2）

本年度初めて採用されたエルガノンステップバス。850 ~ 852が川崎→高津で
活躍する。ノンステップバスは当時、中扉から後ろに2人掛けシートを配した仕様
に統一されていた。

NJ861（いすゞ PKG-LV234Q2改）

初登場となる長尺のエルガワンステップバスPKG-車。虹が丘に859 ~ 868を配
置。長尺車は中扉以降を三方シートにした時期もあったが、2列が1人掛けシート
の仕様に変更された。

T802（日産ディーゼルPDG-JP820NAN）

引き続き増備されたスペースランナー JPノンステップバスのPDG-車。800 ～ 808・827を弦巻、813 ～ 817を荏原に配置。中型ロングのJPは優先席のロングシートに6人が掛けられる。

SI876（三菱ふそうPDG-AR820GAN）

日産ディーゼルからOEM供給されたエアロミディ S。本年度はノンステップバスが採用され、873 ～ 876が下馬、882が池上に配置された。中型車は中扉以降に2人掛けシートが3列ある。

NI3877（三菱ふそうBKG-MS96JP）

空港リムジンバス用に初めて登場したエアロエース。新羽に配置された3875～3877は成田系統に使用。後部トイレつきの49人乗りで、2列目から8列目までに補助席がついている。

T3878（三菱ふそうBKG-MS96JP）

同じく空港リムジンバス用として採用されたエアロエース。直結式の冷房装置とワイドトランクを装備している。弦巻に配置された3878・3879は60人乗りの羽田系統用である。

弦巻にいた3879は2016年に下馬に転属。空港リムジンに新車が投入されたため、貸切バスに転用されている。2879に改番され、デザインもマーキュリーカラーに変更されている。

SI2879（三菱ふそうBKG-MS96JP）

2009（平成21）年度の車両

　2009（平成21）年度も引き続き「平成17年排出ガス規制」適合型式を増備。ただし新車は比較的少数にとどまった。大型ノンステップバスは4メーカーから購入し、日野ブルーリボンシティハイブリッドも増備されたものの、ワンステップバスはわずかで、短尺が日産ディーゼル・いすゞ・三菱ふそう製、長尺は日野製だけとなっている。中型ロングタイプの導入は打ち切られ、9m尺の中型車もいすゞエルガミオ1台のみとなった。また大田区コミュニティバスに日野ポンチョロング、契約輸送用の貸切車に三菱ローザが採用された。

M979（三菱ふそうPKG-MP35UK改）

PKG-車のノンステップバスはOEM供給車だけが採用されてきたが、本年度はMFBMボディのエアロスターノンステップバスが登場。978〜980の3台が目黒の所管路線で活躍を開始した。

H983（三菱ふそうPKG-MP35UK）

前年度に引き続き導入された一般路線用のエアロスターワンステップバス。短尺タイプのPKG-車である。仕様は前年度と同一で、981が青葉台、982・983が東山田に配置された。

S977（三菱ふそうPKG-AA274KAN）

OEM供給モデルであるエアロスターSノンステップバスも、本年度まで導入が続けられていた。本年度は3台だけ新製され、975が淡島、976が下馬、977が瀬田に配置されている。

A6975（三菱ふそうPDG-BE64DG）

東急百貨店本店と東横店を結ぶシャトルバス用として、6975
～6977が新製されたローザ。前輪独立懸架・後輪リーフサス
のシャーシにスイングドアのボディが架装されている。

E950（いすゞPDG-LR234J2）

本年度初めて採用されたエルガミオノンステップバスのPDG-
車。ボディスタイルはPA-車とほぼ同じである。950が荏原に
新製配置されたが、現在は目黒に移って活躍している。

KA955（いすゞPKG-LV234L2）

前年度に引き続き増備されたエルガノンステップバス。短尺タイプのPKG-車である。951～953が荏原、954～956が川崎に配
置され、川崎の3台は営業所の閉所で高津に転属した。

H957（いすゞPKG-LV234L2）

前年度に続いて導入された一般路線用のエルガワンステップバス。短尺タイプのPKG-車。2010年3月に川崎営業所最後の新車と
して957が登場し、閉所とともに東山田に転属した。

NJ929（日野PKG-KV234Q2改）

前年度に引き続き採用されたブルーリボンIIの長尺ワンステップバス。928・929を虹が丘に配置。また本年度は短尺ノンステップバス3台、ハイブリッドバス2台も新製された。

I6925（日野BDG-HX6JLAE）

本年度初めて採用されたポンチョロング。2枚扉のMT仕様となっている。大田区コミュニティバス「たまちゃんバス」の専用車で、多摩川に現れたアザラシがあしらわれている。

I903（日産ディーゼルPKG-RA274KAN）

前年度に続いて導入されたスペースランナーRAノンステップバス。前年度の車両と同型で、冷房はサーモキング製。900・901が弦巻、902・903が池上、904が新羽に配置された。

NI906（日産ディーゼルPKG-RA274KAN）

前年度に続いて採用されたスペースランナーRAワンステップバス。一般路線用の短尺タイプ。冷房はサーモキング製である。905・906の2台のみで、いずれも新羽に配置された。

2010（平成22）年度の車両

　2010（平成22）年度も「平成17年排出ガス規制」適合型式が増備されたが、一部の車種に「ポスト新長期規制」適合のLKG-車が登場した。本年度の新車も比較的少なく、4メーカーの大型車と日野製の中型車、日野リエッセ、三菱ローザ、三菱エアロエースのみである。本年9月には川崎営業所が閉所となり、所管路線と車両は高津と東山田に移管された。なお、2010年度以降は2022年取材時の写真を掲載する。この取材では型式・タイプごとに1台を撮影したため、全型式・全年式の写真を紹介できないことをご容赦いただきたい。

I1002（UDトラックスPKG-RA274KAN）

日産ディーゼルから社名を変更したUDトラックスのスペースランナーRA。1000〜1003を弦巻・目黒・池上・高津に配置。大型ノンステップバスは日野・いすゞ・三菱製も導入されている。

NI1004（UDトラックスPKG-AP35UK）

三菱ふそうからOEM供給されたスペースランナーA。ワンステップの1004・1005が新羽に配置された。大型ワンステップバスは短尺の日野・三菱製、長尺のいすゞ製が導入されている。

2011（平成23）年度の車両

　2011（平成23）年度は大型のLKG-車が出揃ったが、中型は引き続きPDG-車が増備された。UDトラックスがバス事業から撤退したため、新車は日野・いすゞ・三菱ふそうの3メーカーとなった。大型ノンステップバスはいすゞ・三菱ふそう製を導入。日野からはハイブリッドバスを購入している。ワンステップバスは3メーカーの短尺車と日野・いすゞの中間尺車・長尺車を採用。中型は日野のノンステップバスといすゞのワンステップバスを導入した。本年度は東急バス創立20周年を記念して、5種類の復刻カラーが計9台に塗装された。

T1139（日野LJG-HU8JLGP）

ブルーリボンシティハイブリッドは前年度のBJG-車2台に続き、本年度はLJG-車1139・1140が弦巻に配置された。このうち1139は1960年代以前の路線バスカラーに塗られている。

TA1136（日野LKG-KV234L3）

ブルーリボンⅡ短尺ワンステップバスのLKG-車は前年度の2台に続き、青葉台に1130〜1133、高津に1136を配置。1130は1960年代以前の路線カラー、1136は貸切カラーをまとう。

NJ1134（日野LKG-KV234N3改）

初めて導入されたブルーリボンⅡ中間尺ワンステップバスの
LKG-車。PKG-車と同じように中扉に4枚折戸が採用されてい
る。1台だけ青葉台に配置され、のちに虹が丘に転属した。

NI1135（いすゞLKG-KV234Q3改）

こちらも本年度初めて導入されたブルーリボンⅡ長尺ワンス
テップバスのLKG-車。中扉に4枚折戸が採用されている。1台
だけ青葉台に配置されたが、のちに新羽に転属している。

I1127（日野LKG-KV234L3）

同じく本年度初めて採用されたブルーリボンⅡノンステップバスのLKG-車。LKG-車はエンジンルーム左側面のルーバーが廃止さ
れている。1台だけ新製され、池上に配置された。

A1126（日野PDG-KR234J2）

レインボーⅡのノンス
テップバスは前年度の2
台に続き、1125・1126・
1128・1129を淡島・下
馬・池上・青葉台に配置。
1960年代以前の貸切カ
ラーの1126は下馬から
淡島に転属した。

NI1157（いすゞ LKG-LV234Q3改）

本年度初めて導入されたエルガ長尺ワンステップバスのLKG-車。PKG-車と同じように中扉に4枚折戸を採用。1台だけ虹が丘に新製配置されたが、新羽に転属して特定車となった。

NJ1153（いすゞ LKG-LV234N3改）

こちらも本年度初めて導入されたエルガ中間尺ワンステップバスのLKG-車。中扉に4枚折戸が採用されている。1153〜1156が虹が丘に配置され、このうち1153は貸切カラーである。

E1150（いすゞ LKG-LV234L3）

同じく本年度初めて登場したエルガノンステップバスのLKG-車。一般路線用として多数活躍しているエルガノンステップバスだが、LKG-車はこの1台が荏原にあるのみである。

TA1152（いすゞ PDG-LR234J2）

エルガミオのPDG-車は前年度にノンステップの1050が新製されているが、本年度はワンステップの1151・1152が高津に配置された。急勾配の多い高津の狭隘路線で活躍している。

M1175（三菱ふそうLKG-MP37FK）

エアロスターのLKG車は、6M60型エンジンとアリソン製ATを装備。ノンステップバスは前年度の2台に続き、目黒に1175・1176が配置された。1175は1960年代以前の貸切カラーである。

H1179（三菱ふそうLKG-MP35FK）

本年度初めて導入されたエアロスター短尺ワンステップバスのLKG-車。1177・1178が新羽、1179・1180が東山田に配置され、1178・1179は1960〜80年代の貸切カラーをまとう。

H1181（三菱ふそうLKG-MP35FP）

本年度初めて採用されたエアロスター長尺ワンステップバスのLKG-車。ワンロマ仕様であるが、路線マスクとなっている。緑色のボディカラーで通勤高速バスに使用されていた。

SI2175（三菱ふそうLKG-MS96VP）

空港リムジンバスの羽田系統用に新製されたエアロエースのLKG-車。トイレのない58人乗りである。青色の夜行高速バスカラーで登場したが、貸切車に転用され塗り替えられた。

2012（平成24）年度の車両

　2012（平成24）年度は「ポスト新長期規制」適合のSKG-車・QKG-車・QPG-車などの導入を開始。久々に90台を超える新車が投入されている。大型は3メーカーのノンステップバスといすゞ・三菱ふそうのワンステップバスを採用。ハイブリッドバスは従来からの日野製に加え、初めていすゞ製が登場した。また三菱のワンロマ車が一気に12台新製されている。中型は日野のノンステップバスを採用。このなかには「東急コーチ」自由が丘線の専用車も含まれる。さらに貸切バスとして、日野セレガスーパーハイデッカーが採用された。

H1284（三菱ふそうQKG-MP35FP）

本年度12台新製されたワンロマ仕様のエアロスターワンステップバスで、再び観光マスクを採用。高津・新羽・青葉台・東山田に配置され、1283のみ通勤高速バスカラーである。

NI1273（三菱ふそうQKG-MP35FK）

本年度初めて採用されたエアロスターワンステップバスのQKG-車。一般路線用の短尺タイプで、アリソン製のATを装備している。1271〜1273の3台が新羽の所管路線で活躍する。

M1265（三菱ふそうQKG-MP37FK）

ワンステップバスと併せて導入されたエアロスターノンステップバスのQKG-車。短尺タイプで、アリソン製のATを装備。目黒に6台、高津に3台、新羽に1台が新製配置された。

NI1251（いすゞ SKG-LR290J1）

初めて採用されたエルガミオワンステップバスのSKG-車。エンジンが4気筒の4HK1型となり、側面表示器が戸袋前に変更されている。1251だけが新製され、新羽に配置されている。

T1235（いすゞ QPG-LV234L3）

本年度初めて導入されたエルガノンステップバスのQPG-車。弦巻・荏原・新羽に15台が新製配置された。また同型のブルーリボンⅡも淡島・下馬・池上に15台が新製配置された。

NJ1248（いすゞ QPG-LV234N3改）

ノンステップバスと併せて採用されたエルガワンステップバスのQPG-車。ニュータウン路線用の中間尺タイプで、中扉に4枚折戸を装備する。この車種は1型式1台のみである。

M1214（日野LNG-HU8JLGP）

本年度初めて採用されたブルーリボンシティハイブリッドノンステップバスのLNG-車。一般路線用の短尺タイプで、スタイルはLJG-車と同一。1214・1215が目黒に配置された。

M6260（三菱ふそうTPG-BE640G）

幼稚園児の送迎用の特定バスとして、2台導入されたローザロングボディ。後面に非常扉が設けられている。初めて採用されたTPG-車で、4P10型エンジンと6速AMTを装備している。

2013（平成25）年度の車両

　2013（平成25）年度も引き続きSKG-車・QKG-車・QPG-車・QRG-車などを増備。一般路線用として3メーカーの短尺ノンステップバスといすゞのハイブリッドバス、ニュータウン路線用として日野の中間尺ワンステップバス、いすゞの長尺ワンステップバスと、狭隘路線と「東急コーチ」用として日野・いすゞの中型ノンステップバスが導入された。また、たまプラーザ～河口湖線の開業に伴い、都市間仕様の日野セレガを新製。空港リムジン仕様のセレガ・三菱エアロエースも採用された。前年度に続き貸切バスのセレガも増備されている。

T1335（いすゞ QQG-LV234L3）

2012～14年度に採用されたエルガハイブリッドのQQG-車。短尺タイプのノンステップバスで、AMTを装備している。弦巻に1237・1334・1335・1432の4台、高津に1446が新製配置されている。

H1312（日野QPG-KV234N3改）

本年度初めて導入されたブルーリボンⅡワンステップバスのQPG-車。ニュータウン路線用の中間尺タイプ。本年度は1311・1312、2014年度は1416・1417が東山田に配置された。

S1302（日野SKG-KR290J1）

「東急コーチ」自由が丘線の車両代替のため、前年度に1209～1213、本年度に1301・1302が新製されたレインボーⅡノンステップバス。先代のHRのデザインが踏襲されている。

NI3360（三菱ふそうQRG-MS96VP）

初めて採用された成田空港系統用のエアロエースQRG-車。屋根上直結クーラー仕様が選択されている。後部トイレつきで、3360〜3363が49人乗り、3364〜3366が42人乗りである。

NI3303（日野QPG-RU1ESBA）

都市間高速バスたまプラーザ〜河口湖線用として投入されたセレガハイデッカー。後部トイレつきで、ワイドシート42人乗りの固定窓仕様。3302〜3304が瀬田に新製配置された。

SI3300（日野QPG-RU1ESBA）

成田空港リムジン用として導入されたセレガハイデッカー。後部にトイレがあり、補助席つき52人乗りのT字型窓仕様。3300・3301が当初はリムジンカラーで新羽に配置された。

貸切バスのセレガスーパーハイデッカーで、前年度に2200、本年度に2300・2301が登場。側窓はT字型で、屋根まで続くアクセントラインを持つ。乗客定員は51人である。

SI2300（日野QPG-RU1ESBA）

2014(平成26)年度の車両

　2014(平成26)年度もSKG-車・QKG-車・QPG-車・QRG-車・TKG-車などが増備された。一般路線には短尺のノンステップバスとワンステップバスを導入。ニュータウン路線には中間尺・長尺のワンステップバスに加え、初めて中間尺のノンステップバスが採用された。狭隘路線用の中型車に7年ぶりの三菱エアロミディが登場。いすゞエルガミオ、日野レインボーⅡ、日野ポンチョも増備された。都市間高速バスには日野セレガ、リムジンバスにはセレガと三菱エアロエース、貸切バスにはセレガスーパーハイデッカーが導入されている。

A1463(三菱ふそうQKG-MP38FK)

本年度からマスクが一新されたエアロスターノンステップバス。短尺の1460〜1465が淡島、1469・1470が高津、1471〜1475が新羽、中間尺の1476〜1478が青葉台に配置された。

S1467(三菱ふそうTKG-MK27FH)

7年ぶりに採用された9m尺のエアロミディ。6M60型エンジンのシャーシにMFBMボディが架装されたMKノンステップバスである。本型式は本年度瀬田に配置された1466・1467のみ。

NJ1450（いすゞ QPG-LV234Q3改）

ニュータウン路線用のエルガ長尺ワンステップバス。中扉に4枚折戸を装備している。QPG-車は2012年度に1台、2013年度に6台、2014年度に4台、2015年度に2台が導入されている。

一般路線用のエルガノンステップバス。前年度と同じQPG-車 の1430・1431が高津に新製配置れたほか、アリソン製ATを搭載した本型式の1442 〜 1445が池上に新製配置されている。

I1442（いすゞ QKG-LV234L3）

E1440（いすゞ SKG-LR290J1）

狭隘路線用のエルガミオノンステップバスSKG-車。2012年度の1242・1243、前年度の1337 〜 1341に続き、本年度は1433 〜 1436が弦巻、1437 〜 1441が荏原に新製配置されている。

H1418（日野QPG-KV234L3）

一般路線用のブルーリボンⅡワンステップバス。短尺タイプのQPG-車であるが、本型式のワンステップバスは少なく、2012年度に1250、本年度に1418が新製されたのみである。

S1404（日野QPG-KV234L3）

2012年度から導入されているブルーリボンⅡノンステップバスのQPG-車。2012年度に1200〜1206・1216〜1223、前年度に1300・1313〜1316、本年度に1404の計21台が登場した。

AO1411（日野QPG-KV234Q3）

初めて登場したブルーリボンⅡ長尺ワンステップバスのQPG-車。中扉に4枚折戸が採用されているニュータウン路線用の増備車だが、本型式の路線車はこの1台のみとなっている。

AO1412（日野SKG-KR290J1）

レインボーⅡノンステップバスのSKG-車。狭隘路線用としては、2012年度と前年度に8台ずつ、本年度に1400〜1403・1406〜1410・1412〜1415・1420・1421の15台が新製された。

S6401（日野SDG-HX9JLBE）

2012年度から導入されているポンチョロングのSDG-車。2枚扉仕様で、トルコン式のATが搭載されている。一般路線用は6201・6400・6401・6600・6601の5台が稼働している。

SI3404（日野QRG-RU1ESBA）

本年度初めて採用されたセレガハイデッカーのQRG-車。このうち3403〜3405は、固定窓で屋根まで続くアクセントラインを持ち、後部トイレつきのワイドシート42人乗りである。

SI3400（日野QRG-RU1ESBA）

同じくセレガハイデッカーのQRG-車。3400〜3402・3500〜3502は55人乗り、3503・3504は52人乗りで、T字型窓・リムジンカラーだったが、3504は都市間カラーに変更された。

SI2400（日野QRG-RU1ESBA）

貸切バスとして新製されたセレガスーパーハイデッカー。2012・2013年度のQPG-車3台に続き、本年度はQRG-車の2400・2401が新製された。外観と乗客定員はQPG-車と同じである。

SI3461（三菱ふそうQRG-MS96VP）

前年度に引き続き導入されたエアロエースのQRG-車。屋根上直結クーラーとワイドトランクを装備する外観は前年度車と同じだが、3460〜3462は53人乗りの羽田系統用である。

2015（平成27）年度の車両

　2015（平成27）年度もSKG-車・QKG-車・QPG-車・QRG-車などが増備された。一般路線には短尺のノンステップバスに加え、初めて中間尺のノンステップバスを導入。日野の新型ハイブリッドバスも採用された。ニュータウン路線には長尺のワンステップバスと中間尺・長尺のノンステップバスを導入。狭隘路線には日野レインボーIIワンステップバスといすゞエルガミオノンステップバスが採用された。都市間高速バスと空港リムジンバスには日野セレガを増備。契約輸送用の貸切バスとして、いすゞガーラミオが新製されている。

T1536（いすゞ QDG-LV290N1）

本年度初めて採用された新型エルガ。一般路線用はアリソン製ATの短尺タイプとなり、右側窓は5枚とも逆T字型である。1533～1536が弦巻、1539・1540が荏原に配置されている。

TA1551（いすゞ QSG-LV234L3）

本年度と2016年度に導入されたエルガハイブリッドノンステップバスのQSG-車。いすゞ製AMTが搭載されている。本年度に1532・1538・1551、2016年度に1633・1649が登場した。

NJ4530（いすゞ SDG-RR7JJCJ）

地域療育センターあおばの貸切バスとして増備されたガーラミオ。SDG-車のガーラミオはこの1台だけである。虹が丘に配置され、オレンジ色でリスをあしらったデザインである。

AO1517（日野QPG-KV290Q1）

本年度初めて採用された新型ブルーリボン。ニュータウン路線用はAT仕様の長尺タイプで、右側窓は5枚とも逆T字型。本年度に1516～1519、2016年度に1620～1623が登場した。

A1500（日野QKG-KV234L3）

本年度のブルーリボンⅡはアリソン製AT搭載のQKG-車となった。1500・1501が淡島、1504～1506が瀬田、1512・1513が新羽に配置された。エルガのAT車も6台が増備されている。

NJ1572（三菱ふそうQKG-MP35FM）

本年度から導入されたエアロスター QKG-車の中間尺ワンステップバス。このマスクと前中4枚折戸の組み合わせは初登場。本年度に3台、2016年度に4台、2017年度に3台を新製。

TA1510（日野SDG-KR290J1）

本年度初めて採用されたレインボーⅡワンステップバスのSDG-車。側面表示器が戸袋に設置されているのは、いまのところ本型式のみである。1510・1511が高津に配置された。

AO1525（日野QPG-KV234Q3）

契約輸送用の貸切バスとして導入されたブルーリボンⅡツーステップバス。トップドア・黒枠引き違い窓の自家用仕様となっている。1525～1527が青葉台で使用されている。

2016(平成28)年度の車両

　2016(平成28)年度もSKG-車・QDG-車・QKG-車・QRG-車・QTG-車などを増備。路線車はすべてATまたはAMTの2ペダルに統一されている。一般路線には短尺・中間尺のノンステップバスを導入。いすゞと日野のハイブリッドバスも増備された。ニュータウン路線には中間尺のワンステップバスと中間尺・長尺のノンステップバスを導入。狭隘路線の中型車はすべてノンステップバスとなった。都市間高速バスに初めていすゞガーラを採用。日野セレガも併せて導入された。空港リムジンバスとして三菱エアロエースが増備されている。

SI3631(いすゞ QRG-RU1ESBJ)

東急バスの高速車として初めて採用されたガーラ。セレガと同じ屋根まで続くアクセントラインを特注。後部トイレつきワイドシート38人乗りの3630・3631が新製されている。

SI3600(日野QRG-RU1ESBA)

前年度に引き続き増備されたセレガハイデッカー。屋根まで続くアクセントラインの固定窓仕様。3600は中央トイレつきで、独立3列シート29人乗りの夜行バス今治線用である。

SI3601(日野QRG-RU1ESBA)

引き続き導入されたセレガハイデッカーのQRG-車。屋根まで続くアクセントラインの固定窓仕様。3601・3602は後部トイレつきワイドシート38人乗りの昼行高速バス用である。

A1600（日野QDG-KV290N1）

前年度から導入された新型ブルーリボンの短尺タイプ。アリソン製ATが搭載されている。本年度は1600・1601が淡島、1605が瀬田、1608が目黒、1615～1619が新羽に配置された。

I1613（日野SKG-KR290J2）

本年度初めて採用された新型レインボー。4HK1型エンジンといすゞ製AMTを装備し、右側窓は4枚とも逆T字型である。1609～1611が目黒、1612～1614が池上に新製配置されている。

NJ1654（いすゞQPG-LV290Q1）

本年度に1台だけ導入されたニュータウン用の新型エルガQPG-車の長尺タイプ。4HK1型エンジンとアリソン製ATを装備し、右側窓は5枚とも逆T字型である。虹が丘に配置された。

T1631（いすゞSKG-LR290J2）

本年度初めて採用された新型エルガミオ。4HK1型エンジンといすゞ製AMTを装備し、右側窓は4枚とも逆T字型である。1630～1632・1635～1638が弦巻所管の狭隘路線で活躍する。

M1662（三菱ふそうQKG-MP38FM）

2014年度から導入されているエアロスター中間尺ノンステップバス。前年度は目黒・青葉台・虹が丘に4台ずつ、東山田に3台、本年度は目黒に2台、虹が丘に4台が配置されている。

NJ1671（三菱ふそうQKG-MP35FK）

2012年度に初採用されたエアロスター短尺ワンステップバスのQKG-車だが、前年度の1575・1576、本年度の1671はマスクが一新されている。虹が丘の所管路線で活躍している。

NI3662（三菱ふそうQTG-MS96VP）

本年度だけ採用されたエアロエースのQTG-車。空港連絡バスの羽田系統に運用。3662は夜行バス復刻カラーで55人乗り、3660・3661・3663はリムジンカラーで54人乗りである。

NI6689（三菱ふそうTPG-BE640E）

本年度に1台のみが導入されたローザショートボディのTPG-車。4P10型エンジンと6速AMTを装備し、ロマンスカラーに塗られている。新羽に新製配置され、契約輸送に就いている。

2017（平成29）年度の車両

　2017（平成29）年度は「ポスト・ポスト新長期規制」適合の2DG-車・2KG-車・2PG-車・2RG-車の導入が開始され、いわば今日の最新モデルが稼働するようになった。一般路線には短尺のノンステップバスを導入。日野のハイブリッドバスの増備も続けられた。ニュータウン路線には長尺のワンステップバスと中間尺・長尺のノンステップバスを導入。狭隘路線に中型ノンステップバス、東急トランセ代官山循環線に日野ポンチョが投入された。都市間高速バスと空港リムジンバスには日野セレガといすゞガーラが増備されている。

A1701（日野QSG-HL2ANAP）

2015年から導入されているブルーリボンハイブリッドのQSG-車。短尺タイプのノンステップバスで、AMT仕様となっている。2015年度に2台、前年度に3台、本年度に4台を採用。

AO1716（日野2PG-KV290Q2）

本年度だけ1台採用されたブルーリボン長尺タイプの2PG-車。本型式でも引き続きアリソン製AT搭載モデルが選択されている。青葉台に配置され、ニュータウン路線で活躍する。

T1709（日野2KG-KR290J3）

本年度だけ7台が導入されたレインボーの2KG-車。引き続きいすゞ製AMTが装着されている。1702が淡島、1707〜1709が弦巻、1711・1712が目黒、1717が青葉台で活躍している。

SI3720（日野2RG-RU1ESDA）

本年度から採用されたセレガ2RG-車。3720は固定窓で都市間カラーをまとい、ゴールドのアクセントラインが屋根まで続く。中央トイレつき3列シート29人乗りの夜行仕様である。

NI3711（日野2RG-RU1ESDA）

セレガ2RG-車 のうち、3700・3710・3711・3800・3900・3000はT字型窓でリムジンカラー。3710・3711はトイレつき51人乗り、他は53人乗りで、3000は白色LEDを装備している。

NI3731（いすゞ QRG-RU1ESBJ）

前年度に引き続き採用されたガーラハイデッカーのQRG-車。本年度は前年度と異なり、リムジンカラーをまとっている。補助席つきの55人乗りで、羽田系統に運用されている。

E1740（いすゞ 2DG-LV290N2）

本年度から2019年度まで導入されたエルガ短尺タイプの2DG-車。本年度に11台、2018年度に6台、2019年度に4台登場し、1939・1940は側面表示器がなくロマンスカラーである。

NJ1774（三菱ふそう2PG-MP35FM）

本年度初めて採用されたエアロスター中間尺ワンステップバスの2PG-車。中扉に4枚折戸が採用されている。1774 〜 1776の3台が虹が丘に配置され、ニュータウン路線で活躍する。

E6761（三菱ふそうTPG-BE640G）

2012年度の折戸仕様の幼稚園バスに続き、2016年度に6688、本年度に6760・6761が新製されたスイングドア仕様のローザロングボディのTPG-車。いずれも契約輸送に就いている。

SI6701（日野SDG-HX9JLBE）

東急トランセ代官山循環線用として、本年度上期（2017年9月）に2台採用されたポンチョロングのSDG-車。2枚扉・右側窓逆T字型仕様で、トルコン式の5速ATが選択されている。

SI6703（日野2DG-HX9JLCE）

東急トランセ代官山循環線用として、本年度下期（2018年3月）に2台採用されたポンチョロングの2DG-車。2枚扉・右側窓逆T字型仕様。ポンチョは本型式からATのみの設定となった。

2018（平成30）年度の車両

　2018（平成30）年度も前年度に続き2DG-車・2KG-車・2PG-車・2RG-車などが導入されている。一般路線には短尺のノンステップバスを新製。日野のハイブリッドバスも増備された。ニュータウン路線用のワンステップバスの新製はなく、中間尺のノンステップバスだけが導入された。コミュニティバス用の日野ポンチョは自社発注車に加え、路線移管とともにフジエクスプレスの本年式を2021年度に引き継いだ。都市間高速バス・リムジンバスにはいすゞガーラ・日野セレガが増備され、貸切バスにリフトつきのセレガが加わった。

AO1872（三菱ふそう2PG-MP38FM）

前年度に1台、本年度に9台、2019年度に8台が新製されたエアロスター中間尺ノンステップバスの2PG-車。2020年式の1969はEDSSを装備し、側面表示器が戸袋前に変更されている。

A6801（日野2DG-HX9JHCE）

本年度初めて採用されたポンチョショートの2DG-車。5速ATを装備する。本年度の6800～6804は淡島に配置。渋谷区「ハチ公バス」の「夕やけこやけルート」に使用されている。

A6108（日野2DG-HX9JLCE）

渋谷区「ハチ公バス」の「神宮の杜ルート」は、2021年12月にフジエクスプレスから東急バスへ移管。本型式4台とSDG-車2台を引き継いだ。6108はのちに6706に改番された。

S1804（日野2SG-HL2ANBP）

前年度に1台、本年度に2台、2019年度に5台が新製されたブルーリボンハイブリッドの2SG-車。2020年新製の1903・1917は
EDSSを装備し、側面表示器が戸袋前に変更されている。

SI3850（いすゞ2RG-RU1ESDJ）

前年度から採用されたガーラハイデッカーの2RG-車。3850は
固定窓で、ゴールドのアクセントラインが屋根まで続く。中央
トイレつき独立3列シート29人乗りの夜行仕様である。

SI3851（いすゞ2RG-RU1ESDJ）

ガーラ2RG-車の3851～3853はT字型窓で、シルバーのアク
セントラインが窓下まで。都市間カラーをまとっている。後部
トイレつき50人乗りで、昼行高速バスに使用されている。

SI2800（日野2TG-RU1ASDA）

本年度に1台だけ採用されたセレガハイデッカーの貸切バス。
東急では初めてのA09型エンジン搭載モデルが選択された。左
側面にリフトを装備し、乗客定員は55人となっている。

NI6808（日野SKG-XZB70M）

契約輸送用の貸切バスとして導入されたトヨタコースター
OEM供給モデルのリエッセⅡ。N04C型エンジンと6速ATを装
備する。メーカー基本カラーの3台が新羽に配置されていた。

2019(平成31・令和元)年度の車両

　2019(平成31・令和元)年度も前年度に引き続き2DG-車・2KG-車・2PG-車・2RG-車などを増備。2020年に入って新製された車両にはEDSS(ドライバー異常時対応システム)が装着された。一般路線には短尺のノンステップバスを新製。日野製ハイブリッドバスとともにトヨタ製燃料電池バスが初めて採用された。ニュータウン路線には中間尺のノンステップバスを導入。狭隘路線用の中型ノンステップバスも増備された。空港リムジンバスはセレガとエアロエースが各1台となったが、エアロエースにはエレベーターが装着された。

NI1946(いすゞ 2PG-LV290N3)

本年度初めて採用された短尺エルガの2PG-車。これまでと同じようにAT仕様が選択されている。本型式はEDSSを装備し、側面表示器が戸袋前になった。新羽に8台が配置されている。

E1932(いすゞ 2DG-LV290N3)

上記と同じようにAT仕様でEDSS装備の短尺エルガだが、こちらは車両重量が14tを下回るため2DG-車となった。側面表示器を戸袋前に設置。1931〜1933が荏原に配置されている。

I1935(いすゞ SKG-LR290J3)

2017年度から導入されているエルガミオのSKG-車。AMTを装備する。2017年度に3台、2018年度に2台、本年度に5台登場したが、2018年度車は側面表示器がない契約輸送用である。

M1915（日野2DG-KV290N3）

短尺ブルーリボンの2DG-車だが、EDSSを装備し、型式末尾が
3に変わった型式。側面表示器が戸袋前に変更された。本年度
は11台新製され、1900・1914は白色LEDが試着されている。

T1905（日野2DG-KV290N2）

2018年度から導入されているブルーリボン2DG-車の短尺タイ
プ。先代に引き続きAT仕様が選択されている。1803が瀬田、
1904～1906が弦巻、1918～1920が新羽に新製配置された。

T1909（日野2KG-KR290J4）

2017年度車と同じレインボーの2KG-車だが、EDSSを装備し、
型式末尾が4に変わった。本型式にはATが設定されたが、引き
続きAMTが選択された。本年度は1台が弦巻に配置された。

S1960（三菱ふそう2PG-MP38FK）

2017年度から導入されているエアロスター短尺ノンステップバス
の2PG-車。1963～1966・1981～1986・1989～1991
は側面表示器が戸袋前にあり、1986は白色LEDが試着された。

NI3960（三菱ふそう2TG-MS06GP改）

本年度に初めて採用された6S10型エンジン＋AMT仕様のエアロエース2TG-車。エレベーターを装備し、乗客定員は47人。羽田空
港リムジンバスや新横溝の口線に使用されている。

令和に登場した車両たち

　2020（令和2）年度はコロナ禍により、全国的にバス利用者が激減し、各事業者は厳しい経営を強いられた。東急バスも例外ではなく、同年度と2021（令和3）年度の新車はわずかにとどまっている。路線車では日野ブルーリボンと日野レインボーを採用。トヨタ燃料電池バスSORAも増備された。またコミュニティ系路線用として、日野ポンチョショートが新製されている。都市間高速バスにはいすゞガーラ、空港リムジンバスにはガーラと日野セレガを導入。契約輸送用として、ワンロマカラーの日野ブルーリボンが新製されている。

TA100（日野2KG-KV290N3）

契約輸送用の貸切バスとして、高津に1台が配置された短尺ブルーリボンの2KG-車。一般路線車と異なるAMT仕様が選択され、側面表示器がなく、ロマンスカラーをまとっている。

I30（いすゞ 2KG-LR290J4）

2019年度に引き続き採用されたエルガミオ2KG-車のEDSS装着型式。白色LEDとなった30が池上に配置されている。同型のレインボーも新製されており、10が瀬田に配置されている。

H6102（日野2DG-HX9JHCE）

2020〜22年度に16台新製されているポンチョショート。淡島・瀬田・目黒・東山田・荏原に配置され、淡島では渋谷区「ハチ公バス」、荏原では品川区「しなバス」に使用されている。

車内

A2（日野2DG-KV290N3）

2020年度に8台が新製された短尺ブルーリボンのEDSS装着車。引き続きAT仕様が選択され、2DG-3の型式である。白色LEDを装備し、淡島に4台、目黒に3台、下馬に1台が配置された。

車内

M99（トヨタZBC-MUM1NAE）

2019年度に1999、2020年度に99が新製された燃料電池バスSORA。フローリングの床に一体成形型のシートが並ぶ。目黒に配置され、東98系統・渋41系統などに使用されている。

車内

SI3050（いすゞ 2RG-RU1ESDJ）

ガーラ2RG-車の3740・3840・3841・3040・3050は都市間カラー
の固定窓仕様。後部トイレつきで、3740が35人乗り、その他が38人乗り。
2020年度車はEDSSと白色LEDを装備する。

車内

SI3031（いすゞ 2RG-RU1ESDJ）

ガーラ2RG-車の3830・3030・3031はリムジンカラーのT字型窓仕様。
トイレのない53人乗りで、羽田系統に運用されている。こちらも2020年
度車はEDSSと白色LEDを装備している。

現有車両一覧表 （2022年10月1日現在）

車両一覧表凡例　PA-LR234J1改 (JBUS)
　　　　　　　　　　　①　　　　　　②

E764 品200か1600 06 荏 ○
　　　　③　　　④　　　　⑤　⑥　⑦

① **車台型式**
② **ボディメーカー**
③ **社番**
④ **登録番号**　品：品川／世：世田谷／川：川崎／横：横浜
⑤ **年式（登録年西暦の下2桁）** （ ）：移籍車の新製時の登録年
⑥ **所属営業所**
　淡：東急バス淡島／下：下馬／弦：弦巻／瀬：瀬田／目：目黒／荏：荏原／池：池上／高：高津／新：新羽／
　青：青葉台／虹：虹が丘／東：東山田／シ：東急トランセ下馬／セ：瀬田／タ：高津
⑦ **用途**　○：一般路線車／◎：高速車／□：貸切車／△：特定車

いすゞ

■PA-LR234J1改(JBUS)

社番	登録番号	年式
E 764	品200か1600	06 荏△
E 765	品200か1604	06 荏△
NI 767	横200か2238	06 新○
NI 768	横200か2239	06 新○
NI8752	横200か2470	07 新○

■PDG-LR234J2(JBUS)

社番	登録番号	年式
NI 858	横200か2744	08 新○
NI 899	横200か2841	08 新○
M 950	品200か2098	09 目○
T 1050	品200か2235	10 弦○
TA1151	川200か1247	11 高○
TA1152	川200か1248	11 高○

■SKG-LR290J1(JBUS)

社番	登録番号	年式
NI1251	横200か3677	12 新○
E 1242	品200か2554	13 荏○
E 1243	品200か2555	13 荏○
E 1337	品200か2630	13 荏○
E 1338	品200か2631	13 荏○
E 1339	品200か2632	13 荏○
E 1340	品200か2700	14 荏○
E 1341	品200か2701	14 荏○
E 1437	品200か2782	14 荏○
E 1438	品200か3350	14 荏○
T 1433	世200か 14	15 弦○
T 1434	世200か 15	15 弦○
T 1435	世200か 16	15 弦○
T 1436	世200か 17	15 弦○
E 1439	品200か2855	15 荏○
E 1440	品200か2856	15 荏○
E 1441	品200か2857	15 荏○
I 1541	品200か2899	15 池○
I 1542	品200か2900	15 池○
I 1543	品200か2901	15 池○
I 1544	品200か2970	16 池○
I 1545	品200か2971	16 池○
I 1546	品200か2972	16 池○
I 1547	品200か2973	16 池○

■SDG-RR7JJCJ(JBUS)

社番	登録番号	年式
NJ4530	川200か1516	15 虹□

■SKG-LR290J2(JBUS)

社番	登録番号	年式
T 1630	世200か 83	16 弦○
T 1631	世200か 84	16 弦○
T 1632	世200か 85	16 弦○
T 1635	世200か 105	17 弦○
T 1636	世200か 106	17 弦○
T 1637	世200か 107	17 弦○
T 1638	世200か 108	17 弦○

■SKG-LR290J3(JBUS)

社番	登録番号	年式
AO1746	横200か5213	18 青○
TA1747	川200か1747	18 高○
NI1753	横200か4751	18 新○

社番	登録番号	年式
TA1836	川200か1736	18 タ□
TA1837	川200か1737	18 タ△
I 1934	品200か3263	19 池○
I 1935	品200か3264	19 池○
I 1936	品200か3267	19 池○
I 1937	品200か3270	19 池○
TA1942	川200か1788	19 高○

■2KG-LR290J4(JBUS)

社番	登録番号	年式
I 1938	品200か3293	20 池○
I 30	品200か3322	21 池○

■2DG-RR2AJDJ(JBUS)

社番	登録番号	年式
NJ4250	川200か 1952	22 虹□
NJ4251	川200か 1953	22 虹□

■PJ-LV234L1(JBUS)

社番	登録番号	年式
NJ 777	川200か 793	07 虹○
NJ 778	川200か 794	07 虹○
NJ8753	川200か 824	07 虹○
NJ8754	川200か 825	07 虹○

■PJ-LV234N1改(JBUS)

社番	登録番号	年式
NJ 665	川200か 553	05 虹○
NJ 666	川200か 554	05 虹○
NJ 667	川200か 591	05 虹○
NJ 773	川200か 712	06 虹○
NJ 774	川200か 713	06 虹○
NJ 780	川200か1045	06 虹○
NJ 781	川200か1046	06 虹○

■PJ-LV234Q1(JBUS)

社番	登録番号	年式
NJ 786	川200か 795	07 虹□

■PKG-LV234L2(JBUS)

社番	登録番号	年式
H 8755	横200か2582	07 東○
H 8756	横200か2583	07 東○
TA 850	川200か 940	08 高○
TA 851	川200か 943	08 高○
TA 852	川200か 944	08 高○
H 853	横200か3248	08 東○
H 854	横200か3251	08 東○
H 855	横200か3243	08 東○
H 856	横200か3244	08 東○
H 857	横200か3157	08 東○
E 951	品200か2099	09 荏○
TA 954	川200か1048	09 高○
TA 955	川200か1946	09 高○
TA 956	川200か1058	09 高○
E 952	品200か2171	10 荏○
E 953	品200か2176	10 荏○
H 957	横200か3250	10 東○
E 1051	品200か2236	10 荏○

■PKG-LV234Q2改(JBUS)

社番	登録番号	年式
NJ 859	川200か 930	08 虹○
NJ 860	川200か 931	08 虹○
NJ 861	川200か 932	08 虹○
NJ 862	川200か 933	08 虹○
NJ 863	川200か 938	08 虹○
NJ 864	川200か 939	08 虹○
NJ 865	川200か 970	08 虹○
NJ 866	川200か 971	08 虹○
NJ 867	川200か 976	08 虹○
NJ 868	川200か 977	08 虹○
NJ1052	川200か1157	10 虹○
NJ1053	川200か1158	10 虹○

■LKG-LV234L3(JBUS)

社番	登録番号	年式
E 1150	品200か2352	11 荏○

■LKG-LV234N3改(JBUS)

社番	登録番号	年式
NJ1153	川200か1250	11 虹○
NJ1154	川200か1251	11 虹○
NJ1155	川200か1276	11 虹○
NJ1156	川200か1277	11 虹○

■LKG-LV234Q3改(JBUS)

社番	登録番号	年式
NI1157	横200か5156	11 新△

■QPG-LV234L3(JBUS)

社番	登録番号	年式
T 1230	品200か2489	12 弦○
H 1231	横200か5355	12 東○
T 1232	品200か2492	12 弦○
TA1238	川200か1867	12 高○
E 1239	品200か2493	12 荏○
E 1240	品200か2494	12 荏○
E 1241	品200か2495	12 荏○
TA1244	川200か1868	12 高○
TA1245	川200か1870	12 高○
T 1233	品200か2547	13 弦○
T 1234	品200か2548	13 弦○
T 1235	品200か2550	13 弦○
T 1236	品200か2552	13 弦○
TA1246	川200か1871	13 高○
NI1247	横200か3755	13 新○
T 1330	品200か2622	13 弦○
T 1331	品200か2623	13 弦○
T 1332	品200か2624	13 弦○
T 1333	品200か2625	13 弦○
E 1336	品200か2628	13 荏○
E 1342	品200か2626	13 荏□
I 1343	品200か2627	13 池○
I 1344	品200か2629	13 池○
I 1345	品200か2692	14 池○
I 1346	品200か2693	14 池○
I 1347	品200か2694	14 池○
I 1430	品200か2787	14 池○
T 1431	品200か2793	14 弦○

■QKG-LV234L3(JBUS)

社番	登録番号	年式
I 1442	品200か2784	14 池□
I 1443	品200か2785	14 池○
I 1444	品200か2858	15 池○
I 1445	品200か2859	15 池○
T 1530	世200か 33	15 弦○

T 1531	世200か34	15 弦○
E 1537	品200か2902	15 荏○
TA1548	川200か1530	15 高○
TA1549	川200か1531	15 高○
TA1550	川200か1532	15 高○

■QPG-LV234N3改(JBUS)

NJ1248	川200か1351	12 虹○

■QPG-LV234Q3改(JBUS)

NI1249	横200か5157	12 新△
NJ1348	川200か1414	13 虹○
NJ1349	川200か1415	13 虹○
NJ1350	川200か1416	13 虹○
NJ1351	川200か1417	13 虹○
NJ1352	川200か1460	14 虹○
NJ1353	川200か1461	14 虹○
NJ1447	川200か1481	14 虹○
NJ1448	川200か1482	14 虹○
NJ1449	川200か1497	15 虹○
NJ1450	川200か1498	15 虹○
NJ1552	川200か1533	15 虹○
NJ1553	川200か1534	15 虹○

■QQG-LV234L3(JBUS)

T 1237	品200か2553	13 弦○
T 1334	品200か2690	14 弦○
T 1335	品200か2691	14 弦○
T 1432	品200か2794	14 弦○
TA1446	川200か1483	14 高○

■QSG-LV234L3(JBUS)

T 1532	世200か35	15 弦○
E 1537	品200か2903	15 荏○
TA1551	川200か1557	16 高○
T 1633	世200か82	16 弦○
TA1649	川200か1650	17 高○

■QDG-LV290N1(JBUS)

T 1533	世200か54	16 弦○
T 1534	世200か55	16 弦○
T 1535	世200か56	16 弦○
T 1536	世200か57	16 弦○
E 1539	品200か2984	16 荏○
E 1540	品200か2985	16 荏○
TA1641	川200か1605	16 高○
TA1642	川200か1606	16 高○
TA1643	川200か1607	16 高○
TA1644	川200か1608	16 高○
TA1645	川200か1609	16 高○
E 1639	品200か3101	17 荏○
I 1640	品200か3102	17 池○
TA1646	川200か1646	17 高○
TA1647	川200か1647	17 高○
TA1648	川200か1648	17 高○
NJ1650	川200か1639	17 虹○
NJ1651	川200か1640	17 虹○
NJ1652	川200か1641	17 虹○
NJ1653	川200か1917	17 虹○
T 1730	世200か121	17 弦○
T 1731	世200か122	17 弦○
T 1732	世200か125	17 弦○
T 1733	世200か126	17 弦○
E 1738	品200か3160	17 荏○
E 1739	品200か3162	17 荏○
I 1742	品200か3161	17 池○
I 1743	品200か3165	17 池○
NI1748	横200か4643	17 新○
NI1749	横200か4646	17 新○

■QPG-LV290Q1(JBUS)

NJ1654	川200か1645	17 虹○

■2DG-LV290N2(JBUS)

T 1734	世200か145	18 弦○
T 1735	世200か146	18 弦○
T 1736	世200か147	18 弦○
T 1737	世200か148	18 弦○
E 1740	品230あ1740	18 荏○
E 1741	品230あ1741	18 荏○
I 1744	品230あ1744	18 池○
I 1745	品230あ1745	18 池○
NI1750	横230い1750	18 新○
NI1751	横230い1751	18 新○

NI1752	横200か4748	18 新○
T 1830	世210あ1830	18 弦○
E 1832	品230あ1832	18 荏○
I 1834	品230あ1834	18 池○
T 1831	品230あ1831	19 荏○
I 1835	品230あ1835	19 池○
E 1930	品200か3265	19 荏○
TA1939	川200か1780	19 タ△
TA1940	川200か1784	19 タ□
TA1941	川200か1787	19 高○

■2DG-LV290N3(JBUS)

E 1931	品200か3292	20 荏○
E 1932	品200か3294	20 荏○
E 1933	品200か3296	20 荏○

■2PG-LV290N3(JBUS)

NI1943	横200か5077	20 新○
NI1944	横200か5078	20 新○
NI1945	横200か5058	20 新○
NI1946	横200か5059	20 新○
NI1947	横200か5066	20 新○
NI1948	横200か5074	20 新○
NI1949	横200か5075	20 新○
NI1950	横200か5081	20 新○

■QRG-RU1ESBJ(JBUS)

SI3630	世200か89	16 シ◎
SI3631	世200か90	16 シ◎
NI3730	横200か4651	17 新◎
NI3731	横200か4655	17 新◎

■2RG-RU1ESDJ(JBUS)

NI3740	横200か4778	18 新◎
NI3840	横230あ3840	18 新◎
NI3841	横230あ3841	18 新◎
NI3830	横230あ3830	19 新◎
SI3850	世210あ3850	18 シ◎
SI3851	世210あ3851	19 シ◎
SI3852	世210あ3852	19 シ◎
SI3853	世210あ3853	19 シ◎
SI3030	世200か210	20 シ◎
SI3031	世200か211	20 シ◎
NI3040	横200か5132	20 新◎
SI3050	世200か212	20 シ◎

日産ディーゼル／UDトラックス

■PDG-JP820NAN(西工)

T 8701	品200か1843	08 弦○
T 800	品200か1900	08 弦○
T 801	品200か1893	08 弦○
T 802	品200か1894	08 弦○
T 803	品200か1921	08 弦○
T 804	品200か1922	08 弦○
T 805	品200か1925	08 弦○
T 806	品200か1926	08 弦○
T 807	品200か1928	08 弦○
T 808	品200か1994	08 弦○
T 813	世200か217	08 弦○
T 817	世200か116	08 弦○
T 827	品200か1997	08 弦○

■ADG-RA274KAN(西工)

AO 717	横200か5301	06 青○

■PKG-RA274KAN(西工)

TA 703	川200か699	06 高○
TA 704	川200か700	06 高○
TA 705	川200か701	06 高○
TA 706	川200か730	06 高○
TA 707	川200か731	06 高○
TA 708	川200か732	06 高○
TA 712	川200か1897	06 虹○
TA 713	川200か739	06 高○
TA 715	川200か746	06 高○
NI 725	横200か3188	06 新○
E 727	品200か1587	06 荏○
E 731	品200か1621	06 荏○
M 724	品200か1691	07 目○
NI 726	横200か2389	07 新○
M 732	品200か1734	07 目○
I 8703	品200か1720	07 池○
M 8704	品200か1738	07 目○

M 8705	品200か1739	07 目○
E 8706	品200か1740	07 荏○
E 8707	品200か1741	07 荏□
E 8708	品200か1721	07 荏○
E 8709	品200か1722	07 荏□
I 8711	品200か1728	07 池○
I 8712	品200か1729	07 池○
I 8713	品200か1730	07 池○
I 8715	品200か1792	07 池○
TA8716	川200か805	07 高○
NI8717	横200か4414	07 新○
NI8718	横200か3982	07 新○
TA8719	川200か812	07 高○
TA8720	川200か813	07 高○
TA8721	川200か814	07 タ□
TA8722	川200か852	07 高○
NI8723	横200か2434	07 新○
NI8727	横200か2574	07 新○
NI8728	横200か2575	07 新○
SI8729	世200か160	07 シ○
M 809	品200か1958	08 目□
M 810	品200か1959	08 目○
I 811	品200か1960	08 池○
M 812	品200か1961	08 目○
I 818	品200か1964	08 池○
I 819	品200か1966	08 池○
I 820	品200か1967	08 池○
I 821	品200か1969	08 池○
I 822	品200か1970	08 池○
NI 823	横200か2727	08 新○
NI 824	横200か2741	08 新○
NI 825	横200か2743	08 新△
NI 826	横200か2840	08 新△
E 900	品200か2101	09 荏○
T 901	品200か2102	09 弦○
I 902	品200か2066	09 池○
I 903	品200か2103	09 池○
NI 904	横200か2984	09 新○
NI 905	横200か2985	09 新○
NI 906	横200か2990	09 新○
T 1000	品200か2232	10 弦○
M 1001	品200か2233	10 目○
I 1002	品200か2238	10 池○
TA1003	川200か1159	10 高○

■PKG-RA274PAN(西工)

NI8724	横200か2467	07 新△
NI8725	横200か2468	07 新△
NI8726	横200か2469	07 新△

■PKG-AP35UK(MFBM)

NI1004	横200か3211	10 新○
NI1005	横200か3212	10 新○

トヨタ

■ZBC-MUM1NAE(JBUS)

M 1999	品230く109	20 目○
M 99	品200か3321	21 目○

日野

■PB-RX6JFAA(JBUS)

H 761	横200か2706	06 東○
H 762	横200か2705	06 東○
H 6725	横200か2707	07 東○

■BDG-RX6JFBA(JBUS)

H 6825	横200か2746	08 東○
SI7816	品200か1987	08 シ○
S 6025	品200か2322	11 瀬○
S 6026	品200か2330	11 瀬○
H 6027	品200か3796	11 東○
H 6125	横200か4965	11 東○
H 6126	横200か4966	11 東○
H 6127	横200か4967	11 東○
H 6128	横200か4968	11 東○
S 6129	品200か2351	11 瀬○
S 6130	品200か2353	11 瀬○

■BDG-HX6JHAE(JBUS)

A 6731	品200あ400	08 淡○

■BDG-HX6JLAE(JBUS)

I 6925	品200か2100	09 池○

■SDG-HX9JLBE(JBUS)

S 6201	品200か2526	12 瀬○
S 6400	世200か2788	14 瀬○
S 6401	世200か213	14 瀬○
A 6500	世200か227	(16)淡○
S 6600	世200か114	17 瀬○
S 6601	世200か115	17 瀬○
A 6602	世200か229	(17)淡○
SI6701	世200か138	17 シ○
SI6702	世200か139	17 シ○

■2DG-HX9JHCE(JBUS)

A 6800	世200あ39	18 淡○
A 6801	世200あ40	18 淡○
A 6802	世200あ41	18 淡○
A 6803	世200あ51	19 淡○
A 6804	世200あ52	19 淡○
S 6000	世200あ70	20 瀬○
S 6001	世200あ71	20 瀬○
M 6002	品200あ685	20 目○
A 6003	世200あ61	21 淡○
H6100	横200あ524	22 東○
H6101	横200あ525	22 東○
H6102	横200あ526	22 東○
E6225	品200あ690	22 荏○
E6226	品200あ691	22 荏○
E6227	品200あ692	22 荏○
E6228	品200あ693	22 荏○

■2DG-HX9JLCE(JBUS)

SI6703	世210あ6703	18 シ○
SI6704	世210あ6704	18 シ○
A 6705	世200か224	(18)淡○
A 6706	世200か225	(18)淡○
SI6805	世210あ6805	18 シ○
A 6811	世200か228	(18)淡○
A 6812	世200か226	(18)淡○

■PA-KR234J1改(JBUS)

TA8738	川200か1699	07 高○

■PDG-KR234J2(JBUS)

A 8747	品200か1784	07 淡○
A 8748	品200か1790	07 淡○
S 8749	品200か1791	07 瀬○
S 828	品200か1984	08 瀬○
S 829	品200か1985	08 瀬○
S 830	品200か1986	08 瀬○
TA 833	川200か957	08 高○
TA 834	川200か958	08 高○
TA 835	川200か959	08 高○
TA 836	川200か960	08 高○
TA 837	川200か961	08 高○
TA 838	川200か962	08 高○
TA 839	川200か963	08 高○
A 1025	品200か2240	10 淡○
M 1026	品200か2239	10 目○
A 1125	品200か2357	11 淡○
A 1126	品200か2358	11 淡○
A 1128	品200か2715	11 淡○
NI1129	横200か5228	11 新○

■SKG-KR290J1(JBUS)

S 1209	品200か2523	12 瀬○
T 1207	品200か2568	13 弦○
T 1208	品200か2569	13 弦○
S 1210	品200か2556	13 瀬○
S 1211	品200か2557	13 瀬○
S 1212	品200か2558	13 瀬○
S 1213	品200か2559	13 瀬○
AO1224	横200か3775	13 青○
AO1225	横200か3776	13 青○
AO1226	横200か3777	13 青○
AO1227	横200か3778	13 青○
AO1228	横200か3782	13 青○
AO1229	横200か3783	13 青○
S 1301	品200か2651	13 瀬○
S 1302	品200か2652	13 瀬○
AO1306	横200か3897	13 青○
A 1303	品200か2713	14 淡○
S 1304	品200か2714	14 瀬○
S 1305	品200か2715	14 瀬○
AO1307	横200か3991	14 青○
AO1308	横200か3992	14 青○
AO1309	横200か3994	14 青○
AO1310	横200か3995	14 青○
M 1400	品200か2798	14 目○
M 1401	品200か2799	14 目○
M 1406	品200か2806	14 目○
M 1407	品200か2806	14 目○
M 1408	品200か2847	14 目○
M 1409	品200か2848	14 目○
AO1412	横200か4052	14 青○
AO1413	横200か4053	14 青○
AO1414	横200か4123	14 青○
AO1415	横200か4124	14 青○
S 1402	世200か12	15 瀬○
T 1403	世200か13	15 弦○
I 1410	品200か2852	15 池○
T 1420	世200か18	15 弦○
I 1421	品200か2872	15 池○

■SDG-KR290J1(JBUS)

TA1510	横200か1583	16 高○
TA1511	横200か1584	16 高○

■SKG-KR290J2(JBUS)

I 1612	品200か3031	16 池○
I 1613	品200か3032	16 池○
I 1614	品200か3033	16 池○
M 1609	品200か3106	17 目○
M 1610	品200か3107	17 目○
M 1611	品200か3108	17 目○
AO1714	横200か4654	17 青○
AO1715	横200か4658	17 青○

■SKG-KR290J3(JBUS)

A 1702	世200か150	18 淡○
T 1707	世210あ1707	18 弦○
T 1708	世210あ1708	18 弦○
T 1709	世200か151	18 弦○
M 1711	世230あ1711	18 目○
M 1712	世230あ1712	18 目○
AO1717	横230う1717	18 青○

■SKG-KR290J4(JBUS)

T 1909	世200か192	20 弦○
S 10	世200か216	21 瀬○

■KL-HU2PREA改(日野)

NI 323	横200か4822	02 新○

■PJ-KV234L1(JBUS)

M 746	品200か1643	06 目○
H 751	横200か2118	06 東○
AO 754	横200か2392	07 青○
TA8731	川200か1896	07 高○
A 8732	品200か1725	07 淡○
A 8733	品200か1726	07 淡○
AO8739	横200か2457	07 青○
AO8740	横200か2458	07 青○
H 8741	横200か2460	07 東○
H 8742	横200か2461	07 東○
A 8743	品200か2801	07 淡○
A 8744	品200か2655	07 淡○
M 8745	品200か2800	07 目○

■PJ-KV234Q1改(JBUS)

NJ 756	川200か1898	06 虹○
AO 759	横200か2294	06 青○
AO 760	横200か2297	06 青○

■ACG-HU8JLFP(JBUS)

H 750	横200か2386	07 東○

■PKG-KV234L2(JBUS)

H 846	横200か2758	08 東○
M 847	品200か2854	08 目○
H 848	品200か2861	08 東○
H 849	横200か2862	08 東○
M 925	品200か2163	10 目○
M 926	品200か2174	10 目○
T 927	世200か135	10 弦○
AO1029	横200か3208	10 青○

■PKG-KV234Q2改(JBUS)

AO 842	横200か2751	08 青○
AO 843	横200か2752	08 青○
AO 844	横200か2753	08 青○
NJ 845	川200か1279	08 虹○
AO 928	横200か5161	09 青○
NJ 929	川200か1059	09 虹○

■BJG-HU8JLFP(JBUS)

M 8735	品200か1797	07 目○
M 831	品200か1974	08 目○
M 832	品200か1975	08 目○
H 930	横200か3091	10 東○
H 931	横200か3092	10 東○
M 1027	品200か2256	10 目○
M 1028	品200か2258	10 目○

■LKG-KV234L3(JBUS)

H 1030	横200か3284	11 東○
H 1031	横200か3286	11 東○
I 1127	品200か2356	11 池○
AO1130	横200か3334	11 青○
AO1131	横200か3448	11 青○
AO1132	横200か3450	11 青○
AO1133	横200か3453	11 青○
TA1136	川200か1272	11 高○

■LKG-KV234N3改(JBUS)

NJ1134	川200か1905	11 虹○

■LKG-KV234Q3改(JBUS)

NI1135	横200か3454	11 新○

■LJG-HU8JLGP(JBUS)

T 1139	品200か2407	11 弦○
T 1140	品200か2406	11 弦○

■QPG-KV234L3(JBUS)

A 1200	世200か162	12 淡○
A 1201	品200か2502	12 淡○
I 1216	品200か2506	12 池○
I 1217	品200か2507	12 池○
A 1219	世200か171	12 淡○
I 1220	品200か2515	12 池○
TA1250	川200け1319	12 タ□
A 1202	品200か2571	13 淡○
T 1203	品200か2564	13 弦○
S 1204	世200か10	13 瀬○
S 1205	品200か2566	13 瀬○
T 1206	品200か2567	13 弦○
I 1221	品200か2562	13 池○
I 1222	品200か2563	13 池○
I 1223	品200か2570	13 池○
T 1300	品200か2650	13 弦○
S 1313	品200か2695	14 瀬○
S 1314	品200か2696	14 瀬○
S 1315	品200か2697	14 瀬○
S 1316	品200か2698	14 瀬○
T 1404	世200か11	15 弦○
H 1418	横200か4131	15 東○

■QKG-KV234L3(JBUS)

A 1500	世200か39	15 淡○
A 1501	世200か40	15 淡○
S 1504	世200か36	15 瀬○
S 1505	世200か37	15 瀬○
S 1506	世200か38	15 瀬○
NI1512	横200か4235	15 新○
NI1513	横200か4241	15 新○

■QPG-KV234N3改(JBUS)

H 1311	横200か3896	13 東○
H 1312	横200か3898	13 東○
H 1416	横200か4050	14 東○
H 1417	横200か4051	14 東○

■QPG-KV234Q3改(JBUS)

AO1411	横200か4055	14 青○
AO1525	横200か4206	15 青□
AO1526	横200か4207	15 青○
AO1527	横200か4208	15 青□

■LNG-HU8JLGP(JBUS)

M 1214	品200か2521	12 目○
M 1215	品200か2522	12 目○
M 1405	品200か2824	14 目○

■QDG-KV290N1(JBUS)

T 1507	世200か 68	16	弦○
I 1508	世200か 69	16	弦○
M 1509	品200か3002	16	目○
NI1514	横200か4378	16	新○
NI1515	横200か4379	16	新○
A 1600	世200か 91	16	淡○
A 1601	世200か 92	16	淡□
NI1615	横200か4471	16	新○
NI1616	横200か4472	16	新○
NI1617	横200か4475	16	新○
NI1618	横200か4476	16	新○
S 1605	世200か 110	17	瀬○
M 1608	品200か3119	17	目○
NI1619	横200か4561	17	新○
A 1700	世200か 128	17	淡○
S 1705	世200か 132	17	瀬○
S 1706	世200か 133	17	瀬○

■QPG-KV290Q1(JBUS)

AO1516	横200か4388	16	青○
AO1517	横200か4389	16	青○
AO1518	横200か4391	16	青○
AO1519	横200か4392	16	青○
AO1620	横200か4478	16	青○
AO1621	横200か4479	16	青○
AO1622	横200か4556	17	青○
AO1623	横200か4557	17	青○

■QSG-HL2ANAP(JBUS)

A 1502	世200か 66	16	淡○
A 1503	世200か 67	16	淡○
M 1607	品200か3029	16	目○
A 1602	世200か 109	17	淡○
S 1606	世200か 118	17	瀬○
A 1701	世200か 129	17	淡○
T 1703	世200か 130	17	弦○
T 1704	世200か 131	17	弦○
M 1710	品200か3169	17	目○

■2DG-KV290N2(JBUS)

S 1803	世200か 165	18	瀬○
T 1904	世200か 180	19	弦○
T 1905	世200か 182	19	弦○
T 1906	世200か 184	19	弦○
NI1918	横200か4961	19	新○
NI1919	横200か4962	19	新○
NI1920	横200か4963	19	新○

■2PG-KV290Q2(JBUS)

AO1716	横230い1716	18	青○

■2SG-HL2ANBP(JBUS)

TA1713	川200か1708	18	高○
M 1808	品200か3228	18	目○
S 1804	世200か 173	19	瀬○
T 1907	世200か 185	19	弦○
S 1910	世200か 179	19	瀬○
M 1911	品200か3268	19	目○
A 1903	世200か 188	20	淡○
TA1917	川200か1809	20	高○

■2DG-KV290N3(JBUS)

A 1900	世200か 194	20	淡○
A 1901	世200か 189	20	淡○
A 1902	世200か 191	20	淡○
T 1908	世200か 190	20	弦○
M 1912	品200か3290	20	目○
M 1913	品200か3291	20	目○
M 1914	品200か3288	20	目○
M 1915	品200か3289	20	目○
TA1916	川200か1844	20	高○
AO1921	横200か5037	20	青○
AO1922	横200か5041	20	青○
A 1	世200か 205	20	淡○
A 2	世200か 206	20	淡○
A 3	世200か 207	20	淡○
A 5	世200か 208	20	淡○
M 6	品200か3309	20	目○
M 7	品200か3310	20	目○
M 8	品200か3311	20	目○
SI 9	世200か 209	20	下○

■2KG-KV290N3(JBUS)

TA 100	川200か1912	21	タ△

■QPG-RU1ESBA(JBUS)

SI2200	品230う 109	13	シ□
SI2300	品230え 109	13	シ□
SI3300	世200か 99	13	シ◎
SI3301	品200か 100	13	シ◎
SI2301	品230き 109	14	シ□
SI3302	品200か2719	14	シ◎
NI3303	横200か4488	14	新◎
NI3304	横200か4489	14	新◎

■QRG-RU1ESBA(JBUS)

SI3400	世200か 156	14	シ◎
NI3401	横200か4081	14	新◎
SI3403	品200か2825	14	シ◎
SI3404	品200か2826	14	シ◎
SI3405	品200か2827	14	シ◎
NI3402	横200か4200	15	新◎
SI2400	世210い 109	15	シ□
SI2401	世210あ 109	15	シ□
SI3500	世200か 50	15	シ◎
SI3501	世200か 64	16	シ◎
NI3502	横200か4283	15	新◎
NI3503	横200か4366	16	新◎
NI3504	横200か4371	16	新◎
SI3600	世200か 76	16	シ◎
SI3601	世200か 103	16	シ◎
SI3602	世200か 104	16	シ◎

■2TG-RU1ASDA改(JBUS)

SI2800	世210い2800	19	シ□

■2RG-RU1ESDA(JBUS)

NI3710	横200か4716	17	新◎
NI3711	横200か4717	17	新◎
NI3700	横200か4776	18	新◎
SI3720	世200か 154	18	シ◎
SI3800	世200か 158	18	シ◎
NI3900	横200か4964	19	新◎
NI3000	横200か5131	20	新◎

三菱ふそう

■PA-BE63DE(三菱)

NI2785	横200か 196	05	新□

■PDG-BE63DG(MFBM)

AO6075	横200あ 330	11	青○

■TPG-BE640E(MFBM)

NI6689	横200あ 450	17	新□

■TPG-BE640G(MFBM)

M 6260	品200か2593	13	目△
M 6261	品200か2594	13	目△
E 6688	品200あ 600	16	荏○
E 6761	品200あ 651	18	荏□

■KK-ME17DF(MFBM)

AO 575	横200か4605	04	青○

■PA-MK27FH(MFBM)

S 7721	世200か 187	06	瀬○
S 7722	世200か 178	06	瀬○
S 7723	世200か 186	06	瀬○
I 7725	品200か1623	06	池○
I 7726	品200か1624	06	池○
M 8772	品200か1736	07	目○
TA8775	川200か1915	07	高○

■PA-MK27FM(MFBM)

S 7704	品200か1618	06	瀬○
S 7705	品200か1619	06	瀬○
S 7706	品200か1631	06	瀬○
S 7707	品200か1632	06	瀬○
S 7708	品200か1524	06	瀬○
S 7710	品200か1529	06	瀬○
S 7713	世200か 46	06	瀬○
T 7714	世200か 47	06	弦○
S 7715	世200か 65	06	瀬○

■PDG-AR820GAN(西工)

TA8786	川200か 887	08	タ□

I 882	品200か3348	08	池○
M 875	品200か2011	09	目○

■TKG-MK27FH(MFBM)

S 1466	世200か 19	15	瀬○
S 1467	世200か 20	15	瀬○

■PJ-MP35JM改(MFBM)

NJ7718	川200か 757	06	虹○
NJ7719	川200か 758	06	虹○
NI8777	横200か5302	07	新○

■PJ-MP37JK(MFBM)

TA7700	川200か1577	06	高○

■PKG-MP35UK(MFBM)

NJ8782	川200か 860	07	虹○
NJ8783	川200か 861	07	虹○
NJ8784	川200か 862	07	虹○
NJ8785	川200か 863	07	虹○
H 8788	横200か2607	07	東○
AO8789	横200か2608	07	青○
NJ8790	川200か 864	07	虹○
NJ8791	川200か 865	07	虹○
NJ8792	川200か 866	07	虹○
NJ8793	川200か 867	07	虹○
TA 883	川200か 934	08	高○
TA 884	川200か 935	08	高○
TA 885	川200か 982	08	高○
TA 886	川200か 983	08	高○
NJ 887	川200か 984	08	虹○
NJ 888	川200か 985	08	虹○
NJ 889	川200か 986	08	虹○
AO 890	横200か2732	08	高○
AO 891	横200か2852	08	高○
AO 892	横200か2853	08	高○
AO 893	横200か2857	08	高○
AO 894	横200か2858	08	高○
AO 895	横200か2859	08	高○
H 982	横200か2959	09	東○
H 983	横200か2983	09	東○
AO 981	横200か3090	10	青○
TA1079	川200か1171	10	高○
H 1082	横200か3220	10	東○

■PKG-MP35UK改(MFBM)

M 978	品200か2147	10	目○
M 979	品200か2148	10	目○
M 980	品200か2162	10	目○
A 1075	品200か2252	10	淡○
TA1076	川200か1683	10	高○
M 1077	品200か2253	10	目○
S 1078	品200か2254	10	瀬○

■PKG-MP35UM(MFBM)

NJ8794	川200か 868	07	虹○

■PKG-AA274KAN(西工)

AO8778	横200か5198	07	青○
SI8779	世200か1805	07	下○
SI8781	世200か 134	07	下○
M 8795	品200か1806	07	目○
SI8796	世200か 166	07	下○
SI 869	品200か1906	08	下○
A 870	品200か1907	08	淡○
S 871	品200か1908	08	瀬○
SI 872	品200か1909	08	下○
S 877	品200か1911	08	瀬○
S 878	品200か1980	08	瀬○
S 879	品200か1981	08	瀬○
S 880	品200か1982	08	瀬○
S 881	品200か1983	08	瀬○
I 896	品200か1979	08	池○
A 976	品200か2067	09	淡○
S 976	品200か2112	09	瀬○
S 977	品200か2113	09	瀬○

■LKG-MP35FK(MFBM)

NI1177	横200か3341	11	新○
NI1178	横200か3340	11	新○
H 1179	横200か3343	11	東○
H 1180	横200か3346	11	東○

■LKG-MP35FP(MFBM)

NI1181	横200か3347	11 新○

■LKG-MP37FK(MFBM)

TA1080	川200か1204	11 高○
TA1081	川200か1205	11 高○
M 1175	品200か2401	11 目○
M 1176	品200か2402	11 目○

■QKG-MP35FK(MFBM)

NI1271	横200か3630	12 新○
NI1272	横200か3631	12 新○
NI1273	横200か3738	12 新○
NJ1575	川200か1575	16 虹○
NJ1576	川200か1576	16 虹○
NJ1671	川200か1659	17 虹○

■QKG-MP35FM(MFBM)

NJ1572	川200か1571	16 虹○
NJ1573	川200か1572	16 虹○
NJ1574	川200か1574	16 虹○
NJ1667	川200か1615	16 虹○
NJ1668	川200か1616	16 虹○
NJ1669	川200か1617	16 虹○
NJ1670	川200か1618	16 虹○
NJ1770	川200か1687	17 虹○
NJ1771	川200か1688	17 虹○
NJ1772	川200か1690	17 虹○

■QKG-MP35FP(MFBM)

TA1269	川200か1321	12 高○
TA1270	川200か1322	12 高○
NI1276	横200か3589	12 新○
NI1277	横200か3592	12 新○
NI1278	横200か3587	12 新○
NJ1279	川200か1904	12 虹○
H 1280	横200か3595	12 東○
H 1281	横200か3585	12 東○
NJ1282	川200か1869	12 虹○
NI1283	横200か3591	12 新○
H 1284	横200か3590	12 東○
H 1285	横200か3593	12 東○

■QKG-MP37FK(MFBM)

M 1260	品200か2508	12 目○
M 1261	品200か2509	12 目○
M 1262	品200か3317	12 目○
M 1263	品200か3318	12 目○
M 1264	品200か2538	12 目○
M 1265	品200か2539	12 目○
TA1266	川200か1346	12 高○
TA1267	川200か1347	12 高○
TA1268	川200か1350	12 高○
NI1274	横200か3739	12 新○
A 1360	品200か2634	13 淡○
A 1361	品200か2635	13 淡○
M 1368	品200か2639	13 目○
M 1369	品200か2640	13 目○
M 1370	品200か2641	13 目○
TA1374	川200か1418	13 高○
TA1375	川200か1419	13 高○
NI1377	横200か3885	13 新○
NJ1362	川200か1881	14 虹□
NJ1363	川200か1880	14 虹□
M 1371	品200か2709	14 目○
M 1372	品200か2710	14 目○
M 1373	品200か2711	14 目○
TA1376	川200か1462	14 高○
NI1378	横200か3983	14 新○
NI1379	横200か3984	14 新○

■QKG-MP38FK(MFBM)

A 1460	品200か2779	14 淡○
A 1461	品200か2780	14 淡○
A 1462	品200か2781	14 淡○
NI1471	横200か4046	14 新○
NI1472	横200か4047	14 新○
A 1463	世200か21	15 淡○
A 1464	世200か22	15 淡○
A 1465	世200か23	15 淡○
TA1469	川200か1508	15 高○
TA1470	川200か1509	15 高○
NI1473	横200か4193	15 新○
AO1474	横200か4194	15 青○
AO1475	横200か4197	15 青○
H 1580	横200か4352	16 東○
H 1581	横200か4353	16 東○
H 1672	横200か4451	16 東○
H 1673	横200か4452	16 東○
H 1674	横200か4453	16 東○
H 1675	横200か4592	17 東○
H 1676	横200か4593	17 東○
H 1677	横200か4597	17 東○
H 1678	横200か4598	17 東○
M 1765	品200か3173	17 目○
M 1766	品200か3177	17 目○
TA1767	川200か1691	17 高○
TA1768	川200か1692	17 高○
NJ1769	川200か1689	17 虹○
H 1777	横200か4656	17 東○
H 1778	横200か4657	17 東○
H 1779	横200か4664	17 東○

■QKG-MP38FM(MFBM)

AO1476	横200か4181	15 青○
AO1477	横200か4182	15 青○
AO1478	横200か4190	15 青○
M 1560	品200か2930	15 目○
M 1561	品200か2932	15 目○
M 1562	品200か2933	15 目○
AO1564	横200か4276	15 青○
AO1565	横200か4276	15 青○
AO1566	横200か4277	15 青○
AO1567	横200か4278	15 青○
NJ1568	川200か1537	15 虹○
NJ1569	川200か1538	15 虹○
NJ1570	川200か1539	15 虹○
NJ1571	川200か1540	15 虹○
H 1577	横200か4266	15 東○
H 1578	横200か4271	15 東○
H 1579	横200か4272	15 東○
M 1563	品200か2997	16 目○
M 1661	品200か3016	16 目○
M 1662	品200か3017	16 目○
NJ1663	川200か1600	16 虹○
NJ1664	川200か1601	16 虹○
NJ1665	川200か1603	16 虹○
NJ1666	川200か1604	16 虹○

■2PG-MP35FM(MFBM)

NJ1774	川230あ1774	18 虹○
NJ1775	川230あ1775	18 虹○
NJ1776	川200か1707	18 虹○

■2PG-MP38FK(MFBM)

A 1760	世210あ1760	18 淡○
S 1761	世210あ1761	18 瀬○
S 1762	世210あ1762	18 瀬○
S 1763	世200か144	18 瀬○
M 1764	品200か3199	18 目○
NJ1773	川200か1706	18 虹○
H 1780	横230あ1780	18 東○
H 1781	横230あ1781	18 東○
H 1782	横200か4740	18 東○
M 1861	品230あ1861	18 目○
M 1862	品230あ1862	18 目○
TA1867	川230あ1867	18 高○
NI1870	横230あ1870	18 新○
A 1860	世210あ1860	19 淡○
M 1863	品230い1863	19 目○
S 1960	世200か175	19 瀬○
S 1961	世200か176	19 瀬○
S 1962	世200か177	19 瀬○
NJ1974	川200か1776	19 虹○
NJ1975	川200か1777	19 虹○
NJ1976	川200か1778	19 虹○
NJ1977	川200か1781	19 虹○
NJ1978	川200か1782	19 虹○
NJ1979	川200か1785	19 虹○
NJ1980	川200か1786	19 虹○
S 1963	世200か195	20 瀬○
S 1964	世200か196	20 瀬○
S 1965	世200か197	20 瀬○
S 1966	世200か198	20 瀬○
NJ1981	川200か1832	20 虹○
NJ1982	川200か1833	20 虹○
NJ1983	川200か1836	20 虹○
NJ1984	川200か1837	20 虹○
NJ1985	川200か1838	20 虹○
NJ1986	川200か1839	20 虹○
H 1989	横200か5063	20 東○
H 1990	横200か5064	20 東○
H 1991	横200か5071	20 東○

■2PG-MP38FM(MFBM)

H 1783	横200か4741	18 東○
NJ1868	川230あ1868	18 虹○
AO1871	横230あ1871	18 青○
NJ1873	川230あ1873	18 虹○
NI1874	横230あ1874	18 新○
H 1875	横230あ1875	18 東○
NJ1869	川230あ1869	19 虹○
AO1872	横230あ1872	19 青○
NJ1877	川230あ1877	19 虹○
H 1878	横200か5141	19 東○
NJ1967	川200か1779	19 虹○
NJ1968	川200か1783	19 虹○
AO1971	横200か4950	19 青○
AO1972	横200か4951	19 青○
AO1973	横200か4955	19 青○
H 1987	横200か4954	19 東○
H 1988	横200か4956	19 東○
AO1969	横200か5159	20 青○

■KC-MU612TA(MBM)

SI2100	世200か218	(97)シ○

■KL-MS86MP(MBM)

SI2279	世200か53	05 シ□

■BKG-MS96JP(MFBM)

SI2879	世200か75	09 シ□

■LKG-MS96VP(MFBM)

SI2175	世200か71	11 シ□
NI3075	横200か3318	11 新◎

■QRG-MS96VP(MFBM)

NI3360	横200か3843	13 新◎
NI3361	横200か3844	13 新◎
NI3362	横200か3845	13 新◎
NI3363	横200か3846	13 新◎
TA3365	川200か1865	13 高◎
NI3366	横200か3907	13 新◎
SI3460	品200か2770	14 シ◎
SI3461	品200か2774	14 シ◎
SI3462	世200か25	15 シ◎

■QTG-MS96VP(MFBM)

SI3660	世200か199	16 シ◎
NI3661	横200か4483	16 新◎
NI3662	横200か4486	16 新◎
NI3663	横200か4610	17 新◎

■2TG-MS06GP改(MFBM)

NI3960	横200か5068	20 新◎

【著者プロフィール】
加藤佳一（かとう よしかず）
1963年東京生まれ。東京写真専門学校（現東京ビジュアルアーツ）卒業。1986年にバス専門誌『バス・ジャパン』を創刊。1993年から『ＢＪハンドブックシリーズ』の刊行を続け、バスに関する図書も多数編集。主な著書に『バスで旅を創る！』（講談社＋α新書）、『一日乗車券で出かける東京バス散歩』（洋泉社新書ｙ）、『路線バス終点の情景』（クラッセ）、『シニアバス旅のすすめ』（平凡社新書）、『バス趣味入門』『ビンテージバスに会いたい！』（天夢人）などがある。ＮＰＯ日本バス文化保存振興委員会理事。日本バス友の会会員。

【写真撮影】
加藤佳一（ＢＪエディターズ）

【校正】
小川章（有限会社クリエイターズ・ファクトリー）

【協力】
東急バス株式会社、株式会社東急トランセ

昭和末期〜平成のバス大図鑑 第1巻
東急バス

2023 年 1 月 3 日　第 1 刷発行

著　者……………………加藤佳一
発行人…………………高山和彦
発行所………………株式会社フォト・パブリッシング
　　　　　　　　　〒 161-0032　東京都新宿区中落合 2-12-26
　　　　　　　　　TEL.03-6914-0121 FAX.03-5955-8101
発売元………………株式会社メディアパル（共同出版者・流通責任者）
　　　　　　　　　〒 162-8710　東京都新宿区東五軒町 6-24
　　　　　　　　　TEL.03-5261-1171 FAX.03-3235-4645
デザイン・DTP ………柏倉栄治（装丁・本文とも）
印刷所…………………株式会社シナノパブリッシングプレス

ISBN978-4-8021-3373-9 C0026